OKOLI SVETA V 100 SKLEDAH RIŽA

Okusite svetovno raznolikost, eno skledo naenkrat, z navdihnjenimi recepti iz vseh koncev sveta

Štefan Bizjak

Avtorski material ©2024

Vse pravice pridržane
Nobenega dela te knjige ni dovoljeno uporabljati ali prenašati v kakršni koli obliki ali na kakršen koli način brez ustreznega pisnega soglasja založnika in lastnika avtorskih pravic, razen kratkih citatov, uporabljenih v recenziji. Ta knjiga se ne sme obravnavati kot nadomestilo za zdravniški, pravni ali drug strokovni nasvet.

KAZALO

KAZALO 3
UVOD 6
JAPONSKE SKLEDE ZA RIŽ 7
   1. Riževa skleda z gobovo tempuro 8
   2. Skleda z rižem iz bučk in mariniranih kumar 10
   3. Goveji zrezek Donburi skleda 12
   4. Ikura Don Bowl 14
   5. Skleda za svinjske kotlete 16
   6. Japonska skleda za riž s kapesanto 18
   7. Kumara Sunomono 20
   8. Tofu Hiyayakko 22
   9. Skleda s kašo za japonski zajtrk 24
   10. Tataki zvitki iz japonske govedine 26
   11. Palačinke Dorayaki 28
   12. Tamagoyaki Scramble 30
   13. Piščančji ramen 32
   14. Japonska skleda za umešana jajca in riž 34
   15. Japonska posoda za riž Tonkutsu 36
   16. Japonska skleda z drobnjakom in sezamovim rižem 38
   17. Japonska skleda z govejim rižem 40
   18. Japonska skleda za sashimi 42
   19. Japonska svinjska skleda na žaru 44
   20. Skleda z govejim rižem iz japonske kapestase 46
   21. Japonska skleda s kozicami 48
   22. Japonski čebulni in goveji rižev bento 50
KITAJSKE SKLEDE ZA RIŽ 52
   23. Kitajski piščančji ocvrt riž 53
   24. Začinjena zelenjavna skleda 55
   25. Kitajska mleta puranova skleda 57
   26. Recept za riževe sklede iz mletega govejega mesa 59
   27. Hrustljava riževa skleda 61
   28. Skleda lepljivega riža 63
   29. Hoisin goveja skleda 65
   30. Skleda s svinjino in ingverjem 67
   31. Recept za vegansko poke skledo s sezamovo omako 69
   32. Čili piščančja riževa skleda 71
   33. Tofu Buddha Bowl 73
   34. Dan riževa skleda 75
   35. Skleda z mletim piščančjim rižem 77
   36. Skleda z limoninimi rezanci 79
   37. Skleda s česnom in sojo 81

KOREJSKE SKLEDE ZA RIŽ 83
38. Korejska riževa skleda z ribami na žaru 84
39. Korean St 1 posoda za riž 86
40. Korejska riževa skleda sašimija 88
41. Korejske riževe sklede za suši 90
42. Korejska piščančja riževa skleda 92
43. za korejsko govejo klobaso 94
44. Donburi skleda za korejske kozice 96
45. Korejska skleda cvetačnega riža 98
46. Korejska skleda s piščancem na žaru 100
47. skleda z govejim rižem 102

VIETNAMSKE SKLEDE ZA RIŽ 104
48. Banh Mi riževa skleda 105
49. Govedina in hrustljavi riž 107
50. Skleda s piščancem in sirarcha rižem 109
51. Skleda z govejimi rezanci z limonsko travo 111
52. Glazirana piščančja riževa skleda 113
53. Recept za vermicelli s česnovo kozico 115
54. Skleda s piščančjimi cmoki in rezanci 117
55. Piščančja riževa skleda 119
56. skleda z govejim rižem 121
57. Karamelizirana skleda s piščancem 123

INDIJSKE SKLEDE ZA RIŽ 125
58. Piščančja Tikka riževa skleda 126
59. Skleda rjavega riža s karijem 128
60. Skleda s sirom in rižem 130
61. Indijska riževa skleda z ovčjim curryjem 132
62. Indijska kremasta skleda za kari 134
63. Indijska riževa skleda z limono 136
64. Indijska skleda Buda iz cvetače 138
65. Indijska skleda iz leče na žaru 140
66. Indijska piščančja riževa skleda 142
67. Indijska skleda rdečega riža 144
68. Kokosova goveja riževa skleda 146
69. Tandoori piščančja skleda 148
70. Paner s kurkumo in riževa skleda 150
71. Paneer Curry Bowl 152
72. Skleda Chaat iz čičerike 154

TAJSKE SKLEDE ZA RIŽ 156
73. Lososova skleda Buda 157
74. skleda rjavega riža 159
75. Sklede s kozicami iz arašidov 161
76. Goveja skleda z baziliko 163

77. Kokosova skleda Umami 165
78. Tuna Power Bowl 167
79. Skleda z mangovimi rezanci 169
80. Skleda z arašidi in bučkami 171
81. Začinjena skleda s kozicami 173
82. Skleda riža s curryjem 175
83. Svinjska riževa skleda 177
84. Skleda Buda iz sladkega krompirja 179
85. Piščančja Satay Bowl 181
86. Piščanec in koruza Stir-Fry 183

SKLEDE ZA SUSHI 185

87. Deconstructed California Roll Sushi Bowl 186
88. Deconstructed Spicy Tuna Sushi Bowl 188
89. Deconstructed Dragon Roll Sushi Bowl 190
90. Deconstructed Spicy Salmon Sushi Bowl 192
91. Deconstructed Rainbow Roll Sushi Bowl 194
92. Dekonstruirana skleda za suši tempura s kozicami 196
93. skleda za suši s tuno in redkvicami 198
94. Skleda za suši z dimljenim lososom in šparglji 200
95. Deconstructed Philly Roll Sushi Bowl 202
96. Deconstructed Dynamite Roll Sushi Bowl 204
97. Deconstructed Veggie Roll Sushi Bowl 206
98. Chirashi iz dimljene skuše 208
99. Oyakodo (losos in lososova ikra) 210
100. Začinjena skleda za suši iz jastoga 212

ZAKLJUČEK 214

UVOD

Dobrodošli na "Okoli sveta v 100 riževih skledah", kulinaričnem popotovanju, ki obljublja, da bo navdušilo vaše brbončice in vas skozi čarobnost hrane popeljalo na eksotične destinacije. Riž, osnovna sestavina, ki jo uživajo kulture po vsem svetu, služi kot osnova za vrsto okusnih jedi, ki odražajo raznolike okuse in tradicije različnih držav.

V tej knjigi se boste podali na okusno pustolovščino, ki slavi bogato tapiserijo svetovne kuhinje, eno skledo riža naenkrat. Od živahnih ulic Tokia do živahnih trgov Marakeša, vsak recept je navdihnjen z edinstveno kulinarično dediščino zadevne regije, ki ponuja vpogled v kulturne tradicije in kulinarične tehnike, ki opredeljujejo vsako destinacijo.

Pripravite se na kulinarično popotovanje, kot ga še ni bilo, ko boste raziskovali živahne okuse Azije, drzne začimbe Bližnjega vzhoda, tolažilne evropske klasike in goreče priljubljene jedi Latinske Amerike. Ne glede na to, ali si želite tolažilne sklede rižote, pikantnega tajskega karija ali dišečega biryanija, ima »Okoli sveta v 100 riževih skledah« nekaj za vsakogar1.

Pridružite se nam, ko potujemo po svetu skozi univerzalni jezik hrane in slavimo raznolikost okusov, sestavin in stilov kuhanja, zaradi katerih je vsaka kuhinja edinstvena. Z recepti, ki jih je enostavno slediti, koristnimi nasveti in osupljivo fotografijo, ki ujame bistvo vsake jedi, je ta knjiga vaš potni list za kulinarično avanturo.

Zato vzemite palčke, vilice ali žlico in se pripravite na potovanje okusov, ki bo razširilo vaš okus in navdihnilo vašo kulinarično ustvarjalnost. Od znanega udobja doma do eksotičnih okusov daljnih dežel, "Okoli sveta v 100 riževih skledah" vas vabi, da okusite svetovno raznolikost, eno skledo naenkrat.

JAPONSKE SKLEDE ZA RIŽ

1. Riževa skleda z gobovo tempuro

SESTAVINE:
- 1 funt zamrznjene gobove tempure
- 2 skodelici rjavega riža
- 1 skodelica jedilnega olja
- 1 skodelica omake tempura
- 2 skodelici vode
- Sol po okusu
- Črni poper po okusu

NAVODILA:
1. Vzemite ponev za omako.
2. Dodajte vodo v ponev.
3. Dodaj rjavi riž in dobro kuhaj približno deset minut.
4. Segrejte ponev.
5. Dodajte olje v ponev.
6. Zamrznjeno tempuro kuhajte do zlato rjave barve.
7. Posoda ven, ko d1.
8. Dodajte rjavi riž v skledo.
9. Na vrh dodamo pripravljeno tempuro in tempura omako.
10. Vaša jed je pripravljena za postrežbo.

2.Skleda z rižem iz bučk in mariniranih kumar

SESTAVINE:
- 1 skodelica kuhanih koščkov buč
- 1 sesekljana marinirana kumarica
- 2 skodelici rjavega riža
- 1 skodelica pikantne majonezne omake
- 1 skodelica kumare
- 2 žlici vloženega ingverja
- 1 žlica riževega kisa
- 1 žlica sezamovih semen
- 2 skodelici vode
- Sol po okusu
- Črni poper po okusu
- 2 žlici sojine omake
- 1 čajna žlička strtega česna

NAVODILA:
1. Vzemite ponev za omako.
2. Dodajte vodo v ponev.
3. Dodaj rjavi riž in dobro kuhaj približno deset minut.
4. Dodajte preostale sestavine v skledo.
5. Sestavine dobro premešamo.
6. Dodajte rjavi riž v skledo.
7. Na vrh dodajte zelenjavo.
8. Po vrhu pokapljamo pripravljeno omako.
9. Vaša jed je pripravljena za postrežbo.

3. Goveji zrezek Donburi skleda

SESTAVINE:
- 2 čajni žlički riževega vina
- 1 čajna žlička sladkorja v prahu
- 1/4 čajne žličke mirin paste
- Črni poper
- Sol
- 1 žlica sesekljanega ingverja
- 1 žlica svetle sojine omake
- 1/2 skodelice drobno sesekljane mlade čebule
- 2 čajni žlički sezamovega olja
- 4 čajne žličke temne sojine omake
- 2 skodelici kosov govejega zrezka
- 2 skodelici riža
- 2 skodelici vode

NAVODILA:
1. Vzemite veliko ponev.
2. V ponvi segrejte olje in vanj dodajte koščke govejega zrezka.
3. Kuhamo toliko časa, da postanejo hrustljavi in zlato rjave barve.
4. V ponev dodajte sesekljan ingver.
5. Dodajte riževo vino v ponev.
6. Mešanico dobro kuhajte približno deset minut, dokler niso pečeni.
7. V ponev dodajte želeni sladkor, mirin pasto, temno sojino omako, ostrigino omako, svetlo sojino omako, črni poper in sol.
8. Sestavine dobro kuhamo približno petnajst minut.
9. Vzemite ponev.
10. Dodajte vodo v ponev.
11. Dodamo riž in dobro kuhamo približno deset minut.
12. Dodajte riž v sklede.
13. Na vrh dodajte kuhano mešanico.
14. Vaša jed je pripravljena za postrežbo.

4.Ikura Don Bowl

SESTAVINE:
- 1 skodelica edamama
- 1 sesekljan korenček
- 2 skodelici riža
- 2 skodelici narezanega avokada
- 1 skodelica pikantne sriracha omake
- 1 skodelica kumare
- 2 žlici mirina
- 1 skodelica ikura don
- 2 žlici ingverja
- 1 skodelica narezanih listov nori
- 1 žlica riževega kisa
- 2 skodelici vode
- Sol po okusu
- Črni poper po okusu
- 2 žlici svetle sojine omake
- 2 žlici temne sojine omake
- 1 čajna žlička strtega česna

NAVODILA:
1. Vzemite ponev za omako.
2. Dodajte vodo v ponev.
3. Dodamo riž in dobro kuhamo približno deset minut.
4. Dodajte preostale sestavine v skledo.
5. Sestavine dobro premešamo.
6. Dodajte rjavi riž v skledo.
7. Na vrh dodajte zelenjavo in ikuro.
8. Po vrhu pokapljamo pripravljeno omako.
9. Vaša jed je pripravljena za postrežbo.

5.skleda za svinjske kotlete

SESTAVINE:
- 2 skodelici riža
- 1 skodelica wasabija
- 1 žlica japonskih začimb
- 1 žlica sezamovih semen
- 1 skodelica mletega svinjine
- 2 žlici koruznega škroba
- 1/2 skodelice krušnih drobtin
- 2 skodelici vode
- Sol po okusu
- Črni poper po okusu
- 1 skodelica jedilnega olja
- 1 žlica sojine omake

NAVODILA:
1. Vzemite ponev za omako.
2. Dodajte vodo v ponev.
3. Dodamo riž in dobro kuhamo približno deset minut.
4. Vzemite skledo.
5. Vanj dodajte japonske začimbe, svinjino in koruzni škrob.
6. Dobro premešamo in oblikujemo 2 velika kotleta.
7. Potresemo ga s krušnimi drobtinami.
8. Kotlete cvremo približno deset minut.
9. Sestavine dobro premešamo.
10. Dodajte rjavi riž v skledo.
11. Dodajte rezine na riž.
12. Na vrh dodajte preostale sestavine.
13. Vaša jed je pripravljena za postrežbo.

6.Japonska skleda za riž s kapesanto

SESTAVINE:
- 2 skodelici narezanih kapesant
- 1 žlica mirina
- 2 skodelici rjavega riža
- 2 žlici Worcestershire omake
- 1 žlica jedilnega olja
- 1 skodelica tahini omake
- 2 skodelici vode
- Sol po okusu
- Črni poper po okusu
- 2 žlici sojine omake
- 1 čajna žlička sladkorja
- 1 čajna žlička strtega česna

NAVODILA:
1. Vzemite ponev za omako.
2. Dodajte vodo v ponev.
3. Dodaj rjavi riž in dobro kuhaj približno deset minut.
4. Dodajte preostale posušene sestavine v skledo.
5. Sestavine dobro premešamo.
6. Segrejte ponev.
7. V ponev dodajte mlado čebulo.
8. Dobro skuhaj mlado čebulo.
9. Posoda ven, ko d1.
10. Dodajte rjavi riž v skledo.
11. Na vrh dodajte mlado čebulo.
12. Vaša jed je pripravljena za postrežbo.

7.Kumara Sunomono

SESTAVINE:
- 1 čajna žlička soli
- 1 ½ čajne žličke ingverjeve korenine
- ⅓ skodelice riževega kisa
- 4 žličke belega sladkorja
- 2 veliki kumari, olupljeni

NAVODILA:
1. Kumare po dolžini prerežite na 1/2 in izdolbite vsa večja semena.
2. Prečno narežite na zelo majhne koščke.
3. V plitvi skodelici zmešajte kis, škrob, sol in začimbe. Dobro premešaj.
4. V skodelico dajte kumare in jih zavrtite, da jih enakomerno prekrijete z raztopino.
5. Pred jedjo jed s kumarami ohladite vsaj 1 uro.

8.Tofu Hiyayakko

SESTAVINE:
- 1 ščepec ostružkov palamide
- 1 ščepec praženih sezamovih semen
- 1 ½ čajne žličke sveže korenine ingverja
- ¼ čajne žličke zelene čebule
- 1 žlica sojine omake
- ½ čajne žličke vode
- ¼ (12 unč) pakiranja svilenega tofuja
- ½ čajne žličke zrnc dashija
- 1 čajna žlička belega sladkorja

NAVODILA:
1. V plitvi skledi zmešajte sladkor, zrnca dashija, sojino omako in vodo, ko se sladkor raztopi.
2. Na manjši krožnik dajte tofu in ga pokrijte z zeleno čebulo, ingverjem in zrnci palamide.
3. Po vrhu potresemo sojino kombinacijo in potresemo s sezamovimi semeni.

9.Skleda s kašo za japonski zajtrk

SESTAVINE:
- 20 g trdnega
- Voda za želeno konsistenco
- 1 žlica prehranskega kvasa
- ¼ majhnega avokada
- 20 g okroglega rjavega riža (suhega)
- 1 list nori, nastrgan
- 1 čajna žlička miso paste
- ½ skodelice sesekljanega pora
- 20 g ovsenih kosmičev

ZA OKRASITEV
- sezamovo seme
- Paprika v prahu

NAVODILA:
1. Začnite z odcejanjem rjavega riža. Operite in očistite.
2. Zjutraj pred pripravo kaše dajte ovsene kosmiče v plitvo ponev, nato dodajte le toliko vroče vode, da jih napolnite. Samo na stran.
3. Nori papirje lahko trgate z dlanmi ali jih režete z noži.
4. Nato kuhajte namočen riž in narezan por v ponvi z vodo pri sobni temperaturi, dokler riž ni pripravljen, približno deset minut.
5. Izklopite ogrevanje. Nato vmešajte namočen ovseni kosmič in dodajte ustrezno vrelo vodo.
6. Nato zmešajte nekaj tekočine z miso pasto in mešanici dodajte strgan nori papir in prehranski kvas.
7. Spet po potrebi dodamo malo vode.

10. Tataki zvitki iz japonske govedine

SESTAVINE:
- 2 čajni žlički sezamovih semen
- Velik šopek cilantra
- 1 zelena
- 2 rdeča čilija
- ¼ napa zelja
- 1 korenček
- 1 lb govejega fileja
- 1 žlica sezamovega olja
- 1 čajna žlička sladkorja
- 4 žlice sojine omake
- 1 žlica nevtralnega olja

NAVODILA:
1. Segrejte ponev proti prijemanju ali ponev iz železne pločevine na srednjo temperaturo, dokler se ne kadi.
2. Goveji file pražite 40 sekund na obeh straneh, potem ko ste ga namazali z nevtralnim pršilom.
3. V majhni skodelici zmešajte sezamovo olje, sojino omako, glukozo in mešajte, dokler se sladkor ne stopi.
4. 2 žlici začimbe prenesite na meso in ga natrite.
5. Preostali preliv shranite za ta dan.
6. Po tem, ko ste meso zavili v lepilni trak, hladite vsaj eno uro.
7. Na tanke rezine napa solate, zelja, mlade čebule in rdečega čilija.
8. Govedino drobno narežite in na sredino položite del vsake zelenjave.
9. Na vsak zvitek potresemo malo premaza, preden ga nežno zvijemo.
10. Postrezite vroče s sezamovimi semeni.

11.Palačinke Dorayaki

SESTAVINE:
- Rastlinsko olje
- ½ skodelice paste iz rdečega fižola
- 2 žlici mirina ali javorjevega sirupa
- ¼ čajne žličke sojine omake
- ½ skodelice presejane moke za kolače
- 2 žlički pecilnega praška
- ⅓ skodelice sojinega mleka
- 2 žlici sladkorja v prahu

NAVODILA:
1. V veliki skodelici zmešajte moko, sladkor v prahu in koruzni škrob.
2. Dodajte javorjev sirup, sojino mleko in sojino omako v drugo jed.
3. Če želite oblikovati okusno mešanico, posušeno mešanico dodajte v mokro 1 in premešajte.
4. Ni mišljeno, da bi bilo tako gosto, vendar bi moralo biti dovolj majhno, da ga lahko nalijete. Deset minut pustite vse stati.
5. V ponev ali lonec, ki se ne sprijema, vlijte tisto majhno količino olja in ga segrejte na zmernem ognju.
6. Za enakomerno porazdelitev olja uporabite brisačo. Želeli bi le, da bi najmanjša količina pomagala zasenčiti palačinke, vendar se jih ne oprijeti.
7. Zmanjšajte toploto na srednjo temperaturo in stresite približno 2 žlici testa v tako idealen krog, kot ga najdete na plošči proti prijemanju.
8. Vseh mora biti približno enako število.
9. Približno 2 minuti segrevajte na prvo roko, na robu se lahko dvignejo mehurčki, stranice pa se bodo zelo zlahka spekle.
10. Še približno 1 minuto obrnite in segrevajte na drugi strani.
11. Pustite, da se vaše torte nekaj minut ohladijo, nato pa vsaki od njih dodajte kepico Anko, fižolove paste.
12. Če želite narediti Dorayaki, ga pokrijte z rogljičkom in vse skupaj zložite.
13. Postrezite z vrtincem sladkorja v prahu ali kremnega sira ali na kocke narezanih jagod z mandlji.

12. Tamagoyaki Scramble

SESTAVINE:
- ¼ čajne žličke črne soli
- poper po okusu
- 2 čajni žlički sladkorja (10 g)
- ⅛ čajne žličke pecilnega praška
- ½ čajne žličke kombu dashi
- 2 čajni žlički mirina (10 g)
- 1 list yuba
- 3 žlice tekočine po izbiri
- 1 čajna žlička sojine omake
- ¼ skodelice svilenega tofuja (60 g)
- Okrasite
- kapestosa
- sezamovo seme
- Kizami nori
- Sojina omaka
- Neobvezno
- 1 žlica veganske kewpie majoneze
- Ščepec kurkume
- 2 čajni žlički prehranskega kvasa (8 g)

NAVODILA:
1. Vlažite v topli vodi 3-5 minut, posušite yubo.
2. Yubo raztrgajte na manjše dele, približno velike kot pest.
3. Sojino mleko, svileni tofu, mirin, sojino omako, riž, dashi, sladkor in pecilni prašek temeljito zmešajte.
4. To bo jajčna zmes, ki jo prav tako premešamo.
5. Na srednje močnem ognju segrejte skledo in dodajte olja ali vegetarijansko maslo.
6. Dodajte svilnati tofu in na vrh položite jubo. Preden ga primete, pustite, da se kuha približno 2 minuti.
7. Uporabljajte žlice ali lopatico, dokler stranice ne začnejo izgledati ocvrte, nato pa stranice potisnite v sredino.
8. Znižajte ogenj in kuhajte še trideset sekund, tako da jajčna mešanica vsakih nekaj minut doseže pravo teksturo.
9. S konicami prstov stisnite črno sol na rob.
10. Vzemite iz pečice in pojejte ob straneh ali čez testenine.

13. Piščančji ramen

SESTAVINE:
- 2 (3 oz.) paketa ramen rezancev
- Rezine svežega jalapeña
- 2 veliki jajci
- ½ skodelice kapesant
- 2 piščančji prsi
- 1 oz. šitake gobe
- 1–2 čajni žlički morske soli, po okusu
- Košer sol
- 2 žlici mirina
- 4 skodelice bogate piščančje juhe
- Črni poper
- 3 čajne žličke svežega česna
- 3 žlice sojine omake
- 2 čajni žlički sezamovega olja
- 2 čajni žlički svežega ingverja
- 1 žlica nesoljenega masla

NAVODILA:
1. Pečico segrejte na 375 stopinj Fahrenheita.
2. Piščanca posolite in popoprajte.
3. V veliki ponvi, primerni za pečico, segrejte olje na srednje močnem ognju.
4. Piščanca skuhajte s prerezano stranjo.
5. Pečemo dvajset minut v pečici s pekačem.
6. V večji lonec na zmernem ognju dodamo olje, dokler ne zasveti.
7. Zavrite osnovo, pokrito, preden dodate posušene gobe.
8. Za mehke beljake najprej skuhamo jajca v slani vodi.
9. Medtem narežite zeleno čebulo in jalapeno.
10. Nato z ostrim nožem narežite piščanca na tanke rezine.
11. Kuhajte 3 minute, dokler se rezanci ne zmehčajo, nato jih razdelite v 2 veliki skledi.
12. Zmešajte narezan piščanec in ramensko juho v veliki posodi za mešanje.
13. Majhna zelena čebula, jalapeno in mehko kuhano jajce gredo po robu. Postrezite takoj.

14. Japonska skleda za umešana jajca in riž

SESTAVINE:
- 4 jajca
- 1 žlica mirina
- 2 skodelici rjavega riža
- 2 žlici Worcestershire omake
- 1 žlica jedilnega olja
- 1 skodelica tahini omake
- 2 skodelici vode
- Sol po okusu
- Črni poper po okusu
- 2 žlici sojine omake
- 1 čajna žlička sladkorja
- 1 čajna žlička strtega česna

NAVODILA:
1. Vzemite ponev za omako.
2. Dodajte vodo v ponev.
3. Dodaj rjavi riž in dobro kuhaj približno deset minut.
4. Dodajte preostale sestavine v skledo.
5. Sestavine dobro premešamo.
6. Segrejte ponev.
7. V ponev dodajte jajčno mešanico in olje.
8. Jajca dobro skuhaj.
9. Mešanico premešajte in kuhajte pet do sedem minut.
10. Posodo ven, ko d1.
11. Dodajte rjavi riž v skledo.
12. Na vrh dodajte umešano jajce.
13. Vaša jed je pripravljena za postrežbo.

15. Japonska posoda za riž Tonkutsu

SESTAVINE:
- 2 skodelici tonkatsuja (svinjsko meso)
- 2 žlici pet japonskih začimb
- 1 čajna žlička rdečega čilija
- Ščepec črnega popra
- Ščepec soli
- 1 jajce
- Nekaj kapljic vode
- 2 skodelici večnamenske moke
- Olje za kuhanje
- 1 skodelica tonkatsu omake
- 1 skodelica rjavega riža
- 2 skodelici vode

NAVODILA:
1. Vzemite veliko skledo.
2. Vanj dodajte jajce in vodo.
3. Jajca dobro stepemo.
4. V mešanico dodajte večnamensko moko.
5. Zdaj eno za drugo dodajte vse ostale sestavine razen jedilnega olja.
6. Testo dobro premešamo.
7. Vzemite veliko ponev.
8. Segrejte olje in popecite testo.
9. Razdelite sestavine.
10. Vzemite ponev.
11. Dodajte vodo v ponev.
12. Dodajte rjavi riž in dobro kuhajte približno deset minut.
13. Dodajte rjavi riž v skledo.
14. Na vrh dodajte tonkotsu in omako.
15. Vaša jed je pripravljena za postrežbo.

16. Japonska skleda z drobnjakom in sezamovim rižem

SESTAVINE:
- 2 skodelici rjavega riža
- 1 skodelica sesekljanega drobnjaka
- 2 žlici vloženega ingverja
- 1 žlica sezamovih semen
- 2 skodelici vode
- Sol po okusu
- Črni poper po okusu
- 2 žlici sojine omake
- 1 čajna žlička h1y
- 1 čajna žlička strtega česna

NAVODILA:
1. Vzemite ponev za omako.
2. Dodajte vodo v ponev.
3. Dodaj rjavi riž in dobro kuhaj približno deset minut.
4. Vzemite majhno skledo.
5. Dodajte preostale sestavine v skledo.
6. Sestavine dobro premešamo.
7. Dodajte rjavi riž v skledo.
8. Po vrhu pokapljamo pripravljeno omako.
9. Vaša jed je pripravljena za postrežbo.

17.Japonska skleda z govejim rižem

SESTAVINE:
- 1 funt govejih trakov
- 1 žlica mirina
- 2 skodelici rjavega riža
- 2 žlici Worcestershire omake
- 1 žlica jedilnega olja
- 2 skodelici vode
- Sol po okusu
- Črni poper po okusu
- 2 žlici sojine omake
- 1 čajna žlička sladkorja
- 1 čajna žlička strtega česna

NAVODILA:
1. Vzemite ponev za omako.
2. Dodajte vodo v ponev.
3. Dodaj rjavi riž in dobro kuhaj približno deset minut.
4. Dodajte preostale sestavine v skledo.
5. Sestavine dobro premešamo.
6. Segrejte ponev.
7. V ponev dodajte goveje trakove in olje.
8. Goveje trakove dobro skuhajte.
9. Posoda ven, ko d1.
10. Dodajte rjavi riž v skledo.
11. Na vrh dodajte mešanico govejega mesa.
12. Vaša jed je pripravljena za postrežbo.

18. Japonska skleda za sashimi

SESTAVINE:
- 2 skodelici riža
- 1 skodelica wasabija
- 1 žlica naribanih nori listov
- 1 žlica listov shiso
- 1 žlica lososovih iker
- 2 skodelici vode
- Sol po okusu
- Črni poper po okusu
- 1 skodelica sašimija
- 1 žlica sojine omake

NAVODILA:
1. Vzemite ponev za omako.
2. Dodajte vodo v ponev.
3. Dodamo riž in dobro kuhamo približno deset minut.
4. Koščke sašimija v mikrovalovni pečici približno deset minut.
5. Sestavine dobro premešamo.
6. Dodajte rjavi riž v skledo.
7. Na vrh dodajte sashimi.
8. Na vrh dodajte preostale sestavine.
9. Vaša jed je pripravljena za postrežbo.

19. Japonska svinjska skleda na žaru

SESTAVINE:
- 1 funt svinjskih trakov
- 1 žlica mirina
- 2 skodelici rjavega riža
- 2 žlici Worcestershire omake
- 1 žlica jedilnega olja
- 2 skodelici vode
- Sol po okusu
- Črni poper po okusu
- 2 žlici sojine omake
- 1 čajna žlička sladkorja
- 1 čajna žlička strtega česna

NAVODILA:
1. Vzemite ponev za omako.
2. Dodajte vodo v ponev.
3. Dodaj rjavi riž in dobro kuhaj približno deset minut.
4. Dodajte preostale posušene sestavine v skledo.
5. Sestavine dobro premešamo.
6. Segrejte žar ponev.
7. Dodajte svinjske trakove na žar ponev.
8. Trakove dobro spečemo na obeh straneh.
9. Posoda ven, ko d1.
10. Dodajte rjavi riž v skledo.
11. Na vrh dodajte svinjske trakove.
12. Vaša jed je pripravljena za postrežbo.

20.Skleda z govejim rižem iz japonske kapestase

SESTAVINE:
- 1 funt govejih trakov
- 1 žlica mirina
- 1 skodelica narezane kapesate
- 2 skodelici rjavega riža
- 2 žlici Worcestershire omake
- 1 žlica jedilnega olja
- 2 skodelici vode
- Sol po okusu
- Črni poper po okusu
- 2 žlici sojine omake
- 1 čajna žlička sladkorja
- 1 čajna žlička strtega česna

NAVODILA:
1. Vzemite ponev za omako.
2. Dodajte vodo v ponev.
3. Dodaj rjavi riž in dobro kuhaj približno deset minut.
4. Segrejte ponev.
5. V ponev dodajte mlado čebulo in olje.
6. Dobro skuhaj mlado čebulo.
7. V ponev dodajte govedino, česen in ostale sestavine.
8. Dobro kuhajte.
9. Posoda ven, ko d1.
10. Dodajte rjavi riž v skledo.
11. Na vrh dodajte mešanico govejega mesa in kapesota.
12. Vaša jed je pripravljena za postrežbo.

21.Japonska skleda s kozicami

SESTAVINE:
- 1 skodelica edamama
- 1 sesekljan korenček
- 2 skodelici riža
- 2 skodelici narezanega avokada
- 1 skodelica pikantne sriracha omake
- 1 skodelica kumare
- 2 žlici mirina
- 1 skodelica kozic na žaru
- 2 žlici ingverja
- 1 skodelica narezanih listov nori
- 1 žlica riževega kisa
- 2 skodelici vode
- Sol po okusu
- Črni poper po okusu
- 2 žlici svetle sojine omake
- 2 žlici temne sojine omake
- 1 čajna žlička strtega česna

NAVODILA:
1. Vzemite ponev za omako.
2. Dodajte vodo v ponev.
3. Dodamo riž in dobro kuhamo približno deset minut.
4. Dodajte preostale sestavine v skledo.
5. Sestavine dobro premešamo.
6. Dodajte rjavi riž v skledo.
7. Na vrh dodamo zelenjavo in kozice.
8. Po vrhu pokapljamo pripravljeno omako.
9. Vaša jed je pripravljena za postrežbo.

22. Japonski čebulni in goveji rižev bento

SESTAVINE:
- 1 skodelica govejega mesa
- 1 skodelica sesekljane čebule
- 2 jajci
- 1 žlica mirina
- 2 skodelici riža
- 2 žlici Worcestershire omake
- 1 žlica jedilnega olja
- 2 skodelici vode
- Sol po okusu
- Črni poper po okusu
- 2 žlici sojine omake
- 1 čajna žlička rjavega sladkorja
- 1 čajna žlička strtega česna
- 1 žlica cilantra

NAVODILA:
1. Vzemite ponev za omako.
2. Dodajte vodo v ponev.
3. Dodamo riž in dobro kuhamo približno deset minut.
4. Segrejte ponev.
5. Dodajte olje v ponev.
6. Dodajte čebulo v ponev.
7. Dobro prekuhamo in nato v ponev dodamo česen.
8. Dodajte goveje meso v ponev.
9. Kuhajte, dokler se popolnoma ne zmehča.
10. V ponev dodajte vse začimbe.
11. Jajca skuhajte v drugi ponvi.
12. Mešanico premešajte in jo posujte.
13. Dodajte riž v skledo.
14. Dodajte mešanico govejega mesa v riž.
15. Na vrh vlijemo jajčno mešanico.
16. Okrasite s cilantrom na vrhu.
17. Vaša jed je pripravljena za postrežbo.

KITAJSKE SKLEDE ZA RIŽ

23. Kitajski piščančji ocvrt riž

SESTAVINE:
- 1 žlica ribje omake
- 1 žlica sojine omake
- 1/2 čajne žličke petih kitajskih začimb
- 2 žlici čili česnove omake
- 2 rdeča čilija
- 1 velik jalapeno
- 1/2 skodelice narezane zelene čebule
- 1 čajna žlička belega popra v zrnu
- 1 čajna žlička svežega ingverja
- 1/2 skodelice svežih listov cilantra
- 1/4 svežih listov bazilike
- 1 skodelica piščančje juhe
- 1 čajna žlička mlete limonine trave
- 1 čajna žlička sesekljanega česna
- 2 žlici sezamovega olja
- 1 jajce
- 1/2 skodelice piščanca
- 2 skodelici kuhanega rjavega riža

NAVODILA:
1. Vzemite vok.
2. V vok dodajte mleto limonsko travo, beli poper v zrnu, sesekljan česen, pet kitajskih začimb, rdeče čilije, liste bazilike in ingver.
3. Dodajte kose piščanca v ponev.
4. Kose piščanca med mešanjem prepražimo.
5. Dodajte piščančjo juho in omake v mešanico voka.
6. Jed kuhamo deset minut.
7. V mešanico dodajte kuhan rjavi riž.
8. Riž dobro premešamo in kuhamo pet minut.
9. Vse skupaj premešamo.
10. V posodo dodajte koriander.
11. Riž zmešamo in pražimo nekaj minut.
12. Dodajte riž v sklede.
13. Opražite jajca eno za eno.
14. Ocvrto jajce položite na vrh sklede.
15. Vaša jed je pripravljena za postrežbo.

24.Začinjena zelenjavna skleda

SESTAVINE:
- 2 skodelici rjavega riža
- 1 skodelica sriracha omake
- 1 skodelica kumare
- 2 žlici vložene redkvice
- 1 žlica sečuanskega popra
- 1 žlica riževega kisa
- 1 skodelica rdečega zelja
- 1 skodelica kalčkov
- 2 žlici praženih arašidov
- 2 skodelici vode
- Sol po okusu
- Črni poper po okusu
- 2 žlici sojine omake
- 1 čajna žlička strtega česna

NAVODILA:
1. Vzemite ponev za omako.
2. Dodajte vodo v ponev.
3. Dodaj rjavi riž in dobro kuhaj približno deset minut.
4. V ponvi skuhajte zelenjavo.
5. V ponev dodajte sečuanski poper in preostale začimbe ter omako.
6. Sestavine dobro premešamo.
7. Posoda ven, ko d1.
8. Dodajte rjavi riž v skledo.
9. Na vrh dodajte zelenjavo.
10. Vaša jed je pripravljena za postrežbo.

25.Kitajska mleta puranova skleda

SESTAVINE:
- 2 čajni žlički riževega vina
- 1 čajna žlička sladkorja v prahu
- 1/4 čajne žličke sečuanskega popra
- 2 žlički sesekljanega rdečega čilija
- Črni poper
- Sol
- 1 žlica sesekljanega česna
- 1 žlica omake iz ostrig
- 1 žlica svetle sojine omake
- 1/2 skodelice drobno sesekljane mlade čebule
- 2 čajni žlički sezamovega olja
- 4 čajne žličke temne sojine omake
- 2 skodelici mletega purana
- 2 skodelici kuhanega riža

NAVODILA:
1. Vzemite veliko ponev.
2. V ponvi segrejte olje in vanj dodajte purana.
3. V ponev dodajte sesekljan česen.
4. Dodajte riževo vino v ponev.
5. Mešanico dobro kuhajte približno deset minut, dokler niso pečeni.
6. V ponev dodajte sladkor, sečuanski poper, rdečo čili papriko, temno sojino omako, ostrigino omako, svetlo sojino omako, črni poper in sol.
7. Sestavine dobro kuhamo približno petnajst minut.
8. Dodajte riž v 2 skledi.
9. Na vrh dodajte mešanico kuhanega purana.
10. Vaša jed je pripravljena za postrežbo.

26.Recept za riževe sklede iz mletega govejega mesa

SESTAVINE:
- 2 čajni žlički riževega vina
- 1 čajna žlička sladkorja v prahu
- 1/4 čajne žličke sečuanskega popra
- 2 žlički sesekljanega rdečega čilija
- Črni poper
- Sol
- 1 žlica sesekljanega česna
- 1 žlica omake iz ostrig
- 1 žlica svetle sojine omake
- 1/2 skodelice drobno sesekljane mlade čebule
- 2 čajni žlički sezamovega olja
- 4 čajne žličke temne sojine omake
- 2 skodelici mlete govedine
- 2 skodelici kuhanega riža

NAVODILA:
1. Vzemite veliko ponev.
2. V ponvi segrejte olje in vanj dodajte goveje meso.
3. V ponev dodajte sesekljan česen.
4. Dodajte riževo vino v ponev.
5. Mešanico dobro kuhajte približno deset minut, dokler niso pečeni.
6. V ponev dodajte sladkor, sečuanski poper, rdečo čili papriko, temno sojino omako, ostrigino omako, svetlo sojino omako, črni poper in sol.
7. Sestavine dobro kuhamo približno petnajst minut.
8. Dodajte riž v 2 skledi.
9. Na vrh dodajte mešanico kuhanega govejega mesa.
10. Vaša jed je pripravljena za postrežbo.

27. Hrustljava riževa skleda

SESTAVINE:
- 2 skodelici kuhanega rjavega riža
- 1 skodelica sriracha omake
- 1 žlica tamarija
- 1 žlica riževega kisa
- Sol po okusu
- Črni poper po okusu
- 2 žlici sojine omake
- 1 čajna žlička strtega česna
- 2 žlici jedilnega olja
- 1 skodelica hrustljavega riževega preliva

NAVODILA:
1. Dodajte olje v ponev.
2. V ponev dodamo kuhan riž.
3. Dobro premešajte riž.
4. Pustimo, da postane hrustljavo.
5. Kuhamo približno deset minut.
6. Vzemite majhno skledo.
7. Dodajte preostale sestavine v skledo.
8. Sestavine dobro premešamo.
9. V skledo dodamo hrustljavi riž.
10. Po vrhu pokapljamo pripravljeno omako.
11. Vaša jed je pripravljena za postrežbo.

28. skleda lepljivega riža

SESTAVINE:
- 1 žlica omake iz ostrig
- 2 kitajski čili papriki
- 1 skodelica kapesant
- 1/2 žlice sojine omake
- 2 žlički mletega česna
- 3 žlice jedilnega olja
- 1/2 skodelice pekoče omake
- 2 skodelici mešane zelenjave
- Po potrebi solimo
- Sesekljan svež cilantro za okras
- 1 skodelica klobase
- 1 skodelica kuhanega lepljivega riža

NAVODILA:
1. Vzemite veliko ponev.
2. Dodajte jedilno olje v ponev in ga segrejte.
3. V ponev dodamo zelenjavo in mlado čebulo ter med mešanjem prepražimo.
4. Dodajte klobase in dobro prekuhajte.
5. V ponev dodajte sesekljan česen.
6. Mešanici dodajte sojino omako, ribjo omako, kitajsko papriko, pekočo omako in ostale sestavine.
7. Jed kuhamo deset minut.
8. Razdelite sestavine.
9. Dodajte lepljivi riž v sklede.
10. Na vrh dodamo pripravljeno mešanico.
11. Sklede okrasite s sesekljanimi listi svežega cilantra.
12. Vaša jed je pripravljena za postrežbo.

29.Hoisin goveja skleda

SESTAVINE:
- 2 skodelici rjavega riža
- 1 skodelica hoisin omake
- 1 žlica sečuanskega popra
- 1 žlica riževega kisa
- 2 skodelici govejih trakov
- 2 skodelici vode
- Sol po okusu
- Črni poper po okusu
- 2 žlici sojine omake
- 1 čajna žlička strtega česna

NAVODILA:
1. Vzemite ponev za omako.
2. Dodajte vodo v ponev.
3. Dodaj rjavi riž in dobro kuhaj približno deset minut.
4. Goveje trakove skuhajte v ponvi.
5. V ponev dodajte hoisin omako in ostale začimbe ter omako.
6. Sestavine dobro premešamo.
7. Posoda ven, ko d1.
8. Dodajte rjavi riž v skledo.
9. Na vrh dodajte mešanico govejega mesa.
10. Vaša jed je pripravljena za postrežbo.

30. Skleda s svinjino in ingverjem

SESTAVINE:
- 2 čajni žlički riževega vina
- 1/4 čajne žličke sečuanskega popra
- Črni poper
- Sol
- 1 žlica sesekljanega ingverja
- 1 žlica omake iz ostrig
- 1 žlica svetle sojine omake
- 2 čajni žlički sezamovega olja
- 4 čajne žličke temne sojine omake
- 2 skodelici mlete svinjine
- 2 skodelici kuhanega riža

NAVODILA:
1. Vzemite veliko ponev.
2. V ponvi segrejte olje in vanj dodajte svinjino.
3. V ponev dodajte sesekljan ingver.
4. Dodajte riževo vino v ponev.
5. Mešanico dobro kuhajte približno deset minut, dokler niso pečeni.
6. V ponev dodajte sladkor, sečuanski poper, rdečo čili papriko, temno sojino omako, ostrigino omako, svetlo sojino omako, črni poper in sol.
7. Sestavine dobro kuhamo približno petnajst minut.
8. Dodajte riž v 2 skledi.
9. Na vrh dodajte mešanico kuhane svinjine.
10. Vaša jed je pripravljena za postrežbo.

31. Recept za vegansko poke skledo s sezamovo omako

SESTAVINE:
- 1 skodelica edamama
- 1 sesekljan korenček
- 2 skodelici riža
- 2 skodelici narezanega avokada
- 1 skodelica sezamove omake
- 1 skodelica kumare
- 1 skodelica vijoličnega zelja
- 1 skodelica hrustljavih kock tofuja
- 2 žlici ingverja
- 1 žlica riževega kisa
- 2 skodelici vode
- Sol po okusu
- Črni poper po okusu
- 2 žlici svetle sojine omake
- 2 žlici temne sojine omake
- 1 čajna žlička strtega česna

NAVODILA:
1. Vzemite ponev za omako.
2. Dodajte vodo v ponev.
3. Dodamo riž in dobro kuhamo približno deset minut.
4. Dodajte preostale sestavine razen sezamove omake v skledo.
5. Sestavine dobro premešamo.
6. Dodajte rjavi riž v skledo.
7. Na vrh dodajte zelenjavo in tofu.
8. Po vrhu pokapljajte sezamovo omako.
9. Vaša jed je pripravljena za postrežbo.

32.Čili piščančja riževa skleda

SESTAVINE:
- 1 čajna žlička belega popra v zrnu
- 1 čajna žlička svežega ingverja
- 1 žlica ribje omake
- 1 žlica sojine omake
- 1/2 čajne žličke petih kitajskih začimb
- 2 žlici čili česnove omake
- 1 skodelica kitajskega rdečega čilija
- 1 čajna žlička mlete limonine trave
- 1 čajna žlička sesekljanega česna
- 2 čajni žlički sezamovega olja
- 1 skodelica kosov piščanca
- 2 skodelici kuhanega riža

NAVODILA:
1. Vzemite vok.
2. V vok dodajte mleto limonsko travo, beli poper v zrnu, sesekljan česen, pet kitajskih začimb, rdeče čilije, liste bazilike in ingver.
3. Vzemite ponev proti prijemanju.
4. Dodajte piščanca v ponev.
5. Sestavine skuhajte in jih posujte.
6. Dodajte omake v mešanico voka.
7. Jed kuhamo deset minut.
8. Dodajte piščanca in ga kuhajte pet minut.
9. V to zmešajte ostale sestavine.
10. Jed kuhamo še pet minut.
11. Riž položite v 2 skledi.
12. Na vrh dodajte mešanico piščanca.
13. Vaša jed je pripravljena za postrežbo.

33.Tofu Buddha Bowl

SESTAVINE:
- 1 žlica omake iz ostrig
- 2 kitajski čili papriki
- 1 žlica ribje omake
- 1/2 žlice sojine omake
- 2 žlički mletega česna
- 3 žlice jedilnega olja
- 1/2 skodelice pekoče omake
- 2 skodelici mešane zelenjave
- 2 skodelici kock tofuja
- Po potrebi solimo
- Sesekljan svež cilantro za okras
- 2 skodelici kuhanega riža
- 1 skodelica praženih arašidov
- 1 skodelica budovega preliva

NAVODILA:
1. Vzemite veliko ponev.
2. Dodajte jedilno olje v ponev in ga segrejte.
3. V ponev dodamo zelenjavo in tofu ter med mešanjem prepražimo.
4. V ponev dodajte sesekljan česen.
5. Mešanici dodajte sojino omako, ribjo omako, kitajske čili paprike, pekočo omako in ostale sestavine.
6. Jed kuhamo deset minut in dodamo nekaj vode za kari.
7. Razdelite sestavine.
8. Dodajte riž v sklede.
9. Na vrh dodamo pripravljeno mešanico in preliv.
10. Sklede okrasite s sesekljanimi listi svežega cilantra.
11. Vaša jed je pripravljena za postrežbo.

34. Dan riževa skleda

SESTAVINE:
- 1 skodelica mlete svinjine
- 1 žlica sriracha omake
- 1/2 skodelice sesekljane zelene
- 1/2 skodelice narezane zelene čebule
- 1 čajna žlička riževega vina
- 1 čajna žlička svežega ingverja
- 1 žlica sojine omake
- 1/2 čajne žličke petih kitajskih začimb
- 1/2 skodelice svežih listov cilantra
- 1/2 skodelice svežih listov bazilike
- 1 skodelica goveje juhe
- 1 čajna žlička sesekljanega česna
- 2 žlici rastlinskega olja
- 2 skodelici kuhanega riža

NAVODILA:
1. Vzemite vok.
2. V vok dodajte začimbe.
3. Dodajte govejo juho in omake v mešanico voka.
4. Jed kuhamo deset minut.
5. V mešanico dodajte svinjino.
6. Svinjino dobro premešamo in kuhamo pet minut.
7. Sestavine dobro prekuhamo in primešamo ostalim sestavinam.
8. Zmanjšajte toploto štedilnika.
9. V ločeno ponev dodajte suhe rezance in vodo.
10. V sklede dodamo kuhan riž.
11. Na vrh dodajte kuhano mešanico.
12. Na vrh dodajte koriander.
13. Vaša jed je pripravljena za postrežbo.

35.Skleda z mletim piščančjim rižem

SESTAVINE:
- 2 čajni žlički riževega vina
- 1 čajna žlička sladkorja v prahu
- 1/4 čajne žličke sečuanskega popra
- 2 žlički sesekljanega rdečega čilija
- Črni poper
- Sol
- 1 žlica sesekljanega česna
- 1 žlica omake iz ostrig
- 1 žlica svetle sojine omake
- 1/2 skodelice drobno sesekljane mlade čebule
- 2 čajni žlički sezamovega olja
- 4 čajne žličke temne sojine omake
- 2 skodelici mletega piščanca
- 2 skodelici kuhanega riža

NAVODILA:
1. Vzemite veliko ponev.
2. V ponvi segrejte olje in vanj dodajte piščanca.
3. V ponev dodajte sesekljan česen.
4. Dodajte riževo vino v ponev.
5. Mešanico dobro kuhajte približno deset minut, dokler niso pečeni.
6. V ponev dodajte sladkor, sečuanski poper, rdečo čili papriko, temno sojino omako, ostrigino omako, svetlo sojino omako, črni poper in sol.
7. Sestavine dobro kuhamo približno petnajst minut.
8. Dodajte riž v 2 skledi.
9. Na vrh dodajte mešanico kuhanega piščanca.
10. Vaša jed je pripravljena za postrežbo.

36.Skleda z limoninimi rezanci

SESTAVINE:
- 1 skodelica riževih rezancev
- 1/2 skodelice limoninega soka
- 1 skodelica čebule
- 1 skodelica vode
- 2 žlici mletega česna
- 2 žlici mletega ingverja
- 1/2 skodelice cilantra
- 2 skodelici zelenjave
- 2 žlici oljčnega olja
- 1 skodelica zelenjavne osnove
- 1 skodelica narezanih paradižnikov

NAVODILA:
1. Vzemite ponev.
2. Dodajte olje in čebulo.
3. Čebulo kuhamo toliko časa, da postane mehka in zadiši.
4. Dodajte sesekljan česen in ingver.
5. Mešanico prekuhajte in ji dodajte paradižnik.
6. Dodajte začimbe.
7. Vanj dodajte riževe rezance in limonin sok.
8. Sestavine previdno premešamo in ponev pokrijemo.
9. Dodajte zelenjavo in ostale sestavine.
10. Kuhajte deset minut.
11. Razdelite ga v 2 skledi.
12. Na vrh dodajte cilantro.
13. Vaša jed je pripravljena za postrežbo.

37. skleda s česnom in sojo

SESTAVINE:
- 2 čajni žlički riževega vina
- 1 skodelica soje
- 1/4 čajne žličke sečuanskega popra
- 2 žlički sesekljanega rdečega čilija
- Črni poper
- Sol
- 1 skodelica kosov piščanca
- 1 žlica sesekljanega česna
- 2 žlici sezamovega olja
- 4 čajne žličke temne sojine omake
- 2 skodelici kuhanega riža
- 2 žlici sesekljane mlade čebule

NAVODILA:
1. Vzemite veliko ponev.
2. V ponvi segrejte olje.
3. V ponev dodajte sesekljan česen.
4. V ponev dodajte piščanca, riževo vino in sojo.
5. Mešanico dobro kuhajte približno deset minut, dokler niso pečeni.
6. V ponev dodajte sečuanski poper, rdečo čili papriko, temno sojino omako, črni poper in sol.
7. Sestavine dobro kuhamo približno petnajst minut.
8. Riž razdelite v 2 skledi.
9. Dodajte mešanico na vrh.
10. Jed okrasimo s sesekljano mlado čebulo.
11. Vaša jed je pripravljena za postrežbo.

KOREJSKE SKLEDE ZA RIŽ

38. Korejska riževa skleda z ribami na žaru

SESTAVINE:
- 1 funt rib
- 2 skodelici riža
- 2 žlici gochujanga
- 1 žlica jedilnega olja
- 2 skodelici vode
- Sol po okusu
- Črni poper po okusu
- 2 žlici sojine omake
- 1 čajna žlička sladkorja
- 1 čajna žlička strtega česna

NAVODILA:
1. Vzemite ponev za omako.
2. Dodajte vodo v ponev.
3. Dodamo riž in dobro kuhamo približno deset minut.
4. Dodajte preostale posušene sestavine v skledo.
5. Sestavine dobro premešamo.
6. Segrejte žar ponev.
7. Dodajte ribe na žar ponev.
8. Ribe dobro spečemo na obeh straneh.
9. Posoda ven, ko d1.
10. Ribe narežite na rezine.
11. Dodajte riž v skledo.
12. Na vrh dodamo narezane ribe.
13. Vaša jed je pripravljena za postrežbo.

39.Korean St 1 posoda za riž

SESTAVINE:
- 1 skodelica gob
- 1 sesekljan korenček
- 2 skodelici kuhanega riža
- 1 skodelica bok choya
- 1 žlica riževega kisa
- dve žlici sesekljanih listov cilantra
- 1 skodelica kuhanih govejih trakov
- Sol po okusu
- Črni poper po okusu
- 2 žlici gochujang bibim omake
- 2 ocvrta jajca

NAVODILA:
1. Vzemite 2 majhna lončka st1.
2. Riž in kuhano zelenjavo razdelite v lončke.
3. Dodajte rižev kis in nežno premešajte.
4. Na vrhu ga potresemo z govedino, soljo in poprom.
5. Po vrhu pokapljajte omako gochujang bibim.
6. Jed okrasite s sesekljanimi listi cilantra.
7. Vaša jed je pripravljena za postrežbo.

40.Korejska riževa skleda sašimija

SESTAVINE:
- 1 skodelica ribjih rezin kakovosti sašimi
- 2 skodelici kuhanega riža
- 1 žlica sesekljane mlade čebule
- 1 žlica riževega kisa
- 1 skodelica mešane zelenjavne solate
- 1 skodelica gochujang omake
- 2 žlici wasabija
- Sol po okusu
- Črni poper po okusu
- 2 žlici sojine omake

NAVODILA:
1. Vzemite 2 skledi.
2. Razdelite riž in zelenjavo v obe skledi.
3. Na vrh dodajte sol, poper, rižev kis, wasabi in sojino omako.
4. Na vrh zelenjave dodajte rezine rib.
5. Na vrh dodajte omako gochujang.
6. Okrasite s sesekljano mlado čebulo.
7. Vaša jed je pripravljena za postrežbo.

41.Korejske riževe sklede za suši

SESTAVINE:
- 1 skodelica rezin lososa
- 1 skodelica rezin tune
- 2 skodelici kuhanega riža
- 1 žlica sezamovih semen
- 2 tobiko jajci
- 1 žlica riževega kisa
- 1 skodelica zelenjave za suši
- 1 skodelica gochujang omake
- Sol po okusu
- Črni poper po okusu
- 2 žlici sojine omake

NAVODILA:
1. Vzemite 2 skledi.
2. V obe skledi razdelite riž in zelenjavo za suši.
3. Na vrh dodajte sol, poper, rižev kis in sojino omako.
4. Rezine tune in lososa pogrejte v mikrovalovni pečici.
5. Te rezine mesa dodajte na zelenjavo.
6. Postavite tobiko jajca na stran.
7. Na vrh dodajte omako gochujang.
8. Okrasite s sezamovimi semeni.
9. Vaša jed je pripravljena za postrežbo.

42. Korejska piščančja riževa skleda

SESTAVINE:

- 2 čajni žlički gochujanga
- 1/2 skodelice sezamovih semen
- 1 čajna žlička svežega ingverja
- 1 žlica ribje omake
- 1 žlica sojine omake
- Sveži listi cilantra
- 2 skodelici mletega piščanca
- 1 žlica sesekljane mlade čebule
- 2 skodelici piščančje juhe
- 1 čajna žlička koruznega škroba
- 1 čajna žlička sesekljanega česna
- 2 žlici sezamovega olja
- 2 skodelici riža
- 2 skodelici vode

NAVODILA:

1. Vzemite vok.
2. V vok dodajte olje, sesekljan česen, gochujang in ingver.
3. V mešanico voka dodajte piščančjo juho in omake.
4. Jed kuhamo deset minut.
5. V mešanico dodajte mletega piščanca.
6. Dodajte preostale sestavine in kuhajte pet minut.
7. Zmanjšajte toploto štedilnika.
8. Jed kuhamo še pet minut.
9. Vzemite ponev.
10. Dodajte vodo v ponev.
11. Dodamo riž in dobro kuhamo približno deset minut.
12. Dodajte riž v sklede.
13. Na vrh dodajte kuhano mešanico.
14. V jed dodamo mlado čebulo.
15. Vaša jed je pripravljena za postrežbo.

43.za korejsko govejo klobaso

SESTAVINE:
- 2 čajni žlički gochujanga
- 1/2 skodelice sezamovih semen
- 1 čajna žlička svežega ingverja
- 1 žlica ribje omake
- 1 žlica sojine omake
- Sveži listi cilantra
- 2 skodelici korejske goveje klobase
- 1 žlica sesekljane mlade čebule
- 1 čajna žlička koruznega škroba
- 1 čajna žlička sesekljanega česna
- 2 žlici sezamovega olja
- 2 skodelici riža
- 2 skodelici vode

NAVODILA:
1. Vzemite vok.
2. V vok dodajte olje, sesekljan česen, gochujang in ingver.
3. Dodajte v zmes za vok.
4. Jed kuhamo deset minut.
5. V mešanico dodajte rezine goveje klobase.
6. Dodajte preostale sestavine in kuhajte pet minut.
7. Zmanjšajte toploto štedilnika.
8. Jed kuhamo še pet minut.
9. Vzemite ponev.
10. Dodajte vodo v ponev.
11. Dodamo riž in dobro kuhamo približno deset minut.
12. Dodajte riž v sklede.
13. Na vrh dodajte kuhano mešanico.
14. V jed dodamo mlado čebulo.
15. Vaša jed je pripravljena za postrežbo.

44. Donburi skleda za korejske kozice

SESTAVINE:
- 2 čajni žlički riževega vina
- 1 čajna žlička sladkorja v prahu
- 1/4 čajne žličke gochujanga
- 2 žlički sesekljanega rdečega čilija
- Črni poper
- Sol
- 1 žlica sesekljanega ingverja
- 1 žlica omake iz ostrig
- 1 žlica svetle sojine omake
- 1/2 skodelice drobno sesekljane mlade čebule
- 2 čajni žlički sezamovega olja
- 4 čajne žličke temne sojine omake
- 2 skodelici kosov kozic
- 2 skodelici riža
- 2 skodelici vode

NAVODILA:
1. Vzemite veliko ponev.
2. V ponvi segrejte olje in vanj dodajte koščke kozic.
3. Kuhamo toliko časa, da postanejo hrustljavi in zlato rjavi.
4. V ponev dodajte sesekljan ingver.
5. Dodajte riževo vino v ponev.
6. Mešanico dobro kuhajte približno deset minut, dokler niso pečeni.
7. V ponev dodajte železni sladkor, gochujang, rdečo čili papriko, temno sojino omako, ostrigino omako, svetlo sojino omako, črni poper in sol.
8. Sestavine dobro kuhamo približno petnajst minut.
9. Vzemite ponev.
10. Dodajte vodo v ponev.
11. Dodaj riž in dobro kuhaj približno deset minut.
12. Dodajte riž v sklede.
13. Na vrh dodajte kuhano mešanico.
14. Vaša jed je pripravljena za postrežbo.

45.Korejska skleda cvetačnega riža

SESTAVINE:
- 1 skodelica gob
- 1 sesekljan korenček
- 2 skodelici cvetačnega riža
- 1 skodelica bok choya
- 1 žlica riževega kisa
- 1 žlica sezamovih semen
- 2 skodelici vode
- Sol po okusu
- Črni poper po okusu
- 2 žlici sojine omake
- 1 čajna žlička strtega česna

NAVODILA:
1. V ponvi skuhajte gobe, bok choy in korenje.
2. Dodaj strt česen, sojino omako, rižev kis, sol in črni poper.
3. V ponev dodajte cvetačni riž.
4. Kuhamo deset minut.
5. V skledo dodajte riževo mešanico cvetače.
6. Vaša jed je pripravljena za postrežbo.

46. Korejska skleda s piščancem na žaru

SESTAVINE:
- 1 skodelica piščančjih kosov brez b1
- 2 skodelici riža
- 1 žlica riževega kisa
- 1 žlica sezamovih semen
- 2 skodelici vode
- Sol po okusu
- Črni poper po okusu
- 1/2 skodelice BBQ omake
- 2 žlici sojine omake
- 1 čajna žlička strtega česna

NAVODILA:
1. Vzemite ponev za omako.
2. Dodajte vodo v ponev.
3. Dodamo riž in dobro kuhamo približno deset minut.
4. Kose piščanca skuhajte v ponvi.
5. Dodajte strt česen, sojino omako, BBQ omako, rižev kis, sol in črni poper.
6. Kuhamo deset minut.
7. Dodajte riž v skledo.
8. Na vrh dodajte zelenjavo.
9. Vaša jed je pripravljena za postrežbo.

47. skleda z govejim rižem

SESTAVINE:
- 2 čajni žlički gochujanga
- 1/2 skodelice sezamovih semen
- 1 čajna žlička svežega ingverja
- 1 žlica ribje omake
- 1 žlica sojine omake
- 1 žlica rdečega čilija
- Sveži listi cilantra
- 2 skodelici govejih trakov
- 1 žlica sesekljane mlade čebule
- 2 skodelici goveje juhe
- 1 čajna žlička koruznega škroba
- 1 čajna žlička sesekljanega česna
- 2 žlici sezamovega olja
- 2 skodelici riža
- 2 skodelici vode

NAVODILA:
1. Vzemite vok.
2. V vok dodajte olje, sesekljan česen, gochujang, rdečo čili papriko in ingver.
3. Dodajte govejo juho in omake v mešanico voka.
4. Jed kuhamo deset minut.
5. V mešanico dodajte goveje trakove.
6. Dodajte preostale sestavine in kuhajte pet minut.
7. Zmanjšajte toploto štedilnika.
8. Jed kuhamo še pet minut.
9. Vzemite ponev.
10. Dodajte vodo v ponev.
11. Dodamo riž in dobro kuhamo približno deset minut.
12. Dodajte riž v sklede.
13. Na vrh dodajte kuhano mešanico.
14. V jed dodamo mlado čebulo.
15. Vaša jed je pripravljena za postrežbo.

VIETNAMSKE SKLEDE ZA RIŽ

48. Banh Mi riževa skleda

SESTAVINE:
- 2 skodelici kuhanega riža
- 1 čajna žlička ribje omake
- 1 skodelica narezanega zelja
- 1 skodelica sesekljane zelene čebule
- 2 žlici sesekljanega cilantra
- 1 skodelica kosov svinjskega fileja
- 1 skodelica vložene zelenjave
- 2 žlici oljčnega olja
- 1 skodelica sriracha majoneze
- Sol po okusu
- Črni poper po okusu

NAVODILA:
1. Vzemite ponev.
2. Dodajte olje v ponev.
3. Dodajte svinjino, sol in črni poper.
4. Dobro kuhajte približno deset minut.
5. Posoda ven, ko d1.
6. Riž razdelite v 2 skledi.
7. Na vrh dodajte svinjino, vloženo zelenjavo, sriracha majonezo in ostale sestavine.
8. Okrasite s cilantrom na vrhu.
9. Vaša jed je pripravljena za postrežbo.

49.Govedina in hrustljavi riž

SESTAVINE:
- 2 skodelici kuhanega rjavega riža
- 1 skodelica sriracha omake
- 1 žlica ribje omake
- 1 skodelica kuhanih govejih trakov
- 1 žlica riževega kisa
- Sol po okusu
- Črni poper po okusu
- 2 žlici sojine omake
- 1 čajna žlička strtega česna
- 2 žlici jedilnega olja

NAVODILA:
1. Dodajte olje v ponev.
2. V ponev dodamo kuhan riž.
3. Dobro premešajte riž.
4. Pustimo, da postane hrustljavo.
5. Kuhamo približno deset minut.
6. V mešanico dodajte vse omake in začimbe.
7. Sestavine dobro premešamo.
8. V skledo dodamo hrustljavi riž.
9. Na vrh riža dodajte kuhano govedino.
10. Vaša jed je pripravljena za postrežbo.

50.Skleda s piščancem in sirarcha rižem

SESTAVINE:
- 2 skodelici kuhanega rjavega riža
- 1 skodelica sriracha omake
- 1 žlica ribje omake
- 1 skodelica piščančjih trakov
- 1 žlica riževega kisa
- Sol po okusu
- Črni poper po okusu
- 2 žlici sojine omake
- 1 čajna žlička strtega česna
- 2 žlici jedilnega olja

NAVODILA:
1. Dodajte olje v ponev.
2. V ponev dodajte česen.
3. Česen dobro premešamo.
4. Pustimo, da postane hrustljavo.
5. Dodajte koščke piščanca.
6. V mešanico dodajte vse omake in začimbe.
7. Sestavine dobro premešamo.
8. Kuhan riž razdelite v 2 skledi.
9. Na vrh riža dodajte kuhanega piščanca.
10. Vaša jed je pripravljena za postrežbo.

51. Skleda z govejimi rezanci z limonsko travo

SESTAVINE:
- 2 skodelici rezancev
- 2 skodelici vode
- 1 čajna žlička ribje omake
- 1 skodelica čebule
- 1 skodelica vode
- 2 žlici mletega česna
- 2 žlici mletega ingverja
- 1/2 skodelice cilantra
- 2 žlici posušene limonske trave
- 2 žlici oljčnega olja
- 1 skodelica goveje juhe
- 1 skodelica govejih trakov
- 1 skodelica narezanih paradižnikov

NAVODILA:
1. Vzemite ponev.
2. Dodajte olje in čebulo.
3. Čebulo kuhamo toliko časa, da postane mehka in zadiši.
4. Dodajte sesekljan česen in ingver.
5. Mešanico prekuhajte in ji dodajte paradižnik.
6. Dodajte začimbe.
7. Dodajte goveje trakove, govejo juho in ribjo omako.
8. Sestavine previdno premešamo in ponev pokrijemo.
9. Kuhamo deset minut.
10. Vzemite ponev.
11. Dodajte vodo v ponev.
12. Dodamo rezance in dobro kuhamo približno deset minut.
13. Rezance razdelite v 2 skledi.
14. Na vrh dodajte mešanico govejega mesa in koriander.
15. Vaša jed je pripravljena za postrežbo.

52. Glazirana piščančja riževa skleda

SESTAVINE:
- 2 čajni žlički riževega vina
- 1/4 čajne žličke ribje omake
- Črni poper
- Sol
- 1 žlica sesekljanega ingverja
- 1 žlica omake iz ostrig
- 1 žlica svetle sojine omake
- 1/2 skodelice drobno sesekljane mlade čebule
- 2 čajni žlički sezamovega olja
- 4 čajne žličke temne sojine omake
- 2 skodelici glaziranih kosov piščanca
- 2 skodelici kuhanega riža

NAVODILA:
1. Vzemite veliko ponev.
2. V ponev dodajte sesekljan ingver.
3. Dodajte riževo vino v ponev.
4. Mešanico dobro kuhajte približno deset minut, dokler niso pečeni.
5. V ponev dodajte ribjo omako, temno sojino omako, ostrigino omako, svetlo sojino omako, črni poper in sol.
6. Sestavine dobro kuhajte približno petnajst minut.
7. Dodajte riž v 2 skledi.
8. Na vrh dodajte kuhano mešanico.
9. Na vrh dodajte glazirane koščke piščanca.
10. Vaša jed je pripravljena za postrežbo.

53. Recept za vermicelli s česnovo kozico

SESTAVINE:
- 1 skodelica riževih vermikelov
- 1 čajna žlička ribje omake
- 1 skodelica čebule
- 1 skodelica vode
- 2 žlici mletega česna
- 2 žlici mletega ingverja
- 1/2 skodelice cilantra
- 2 žlici jedilnega olja
- 1 skodelica kosov kozic
- 1 skodelica zelenjavne osnove
- 1 skodelica narezanih paradižnikov

NAVODILA:
1. Vzemite ponev.
2. Dodajte olje in čebulo.
3. Čebulo kuhamo toliko časa, da postane mehka in zadiši.
4. Dodajte sesekljan česen in ingver.
5. Mešanico prekuhajte in ji dodajte paradižnik.
6. Dodajte začimbe.
7. Vanj dodajte koščke kozic.
8. Sestavine previdno premešamo in ponev pokrijemo.
9. Dodajte riževe vermicelle, ribjo omako in ostale sestavine.
10. Kuhajte deset minut.
11. Razdelite ga v 2 skledi.
12. Na vrh dodajte cilantro.
13. Vaša jed je pripravljena za postrežbo.

54. Skleda s piščančjimi cmoki in rezanci

SESTAVINE:
- 1 žlica svetle sojine omake
- 1/2 skodelice drobno sesekljane mlade čebule
- 2 čajni žlički sezamovega olja
- 4 čajne žličke temne sojine omake
- 2 skodelici na pari kuhanih piščančjih cmokov
- 2 skodelici kuhanih rezancev
- 2 čajni žlički riževega vina
- 1/4 čajne žličke ribje omake
- Črni poper
- Sol
- 1 žlica sesekljanega ingverja
- 1 žlica omake iz ostrig

NAVODILA:
1. Vzemite veliko ponev.
2. V ponev dodajte sesekljan ingver.
3. Dodajte riževo vino v ponev.
4. Mešanico dobro kuhajte približno deset minut, dokler niso pečeni.
5. V ponev dodajte ribjo omako, temno sojino omako, ostrigino omako, svetlo sojino omako, črni poper in sol.
6. Sestavine dobro kuhajte približno petnajst minut.
7. Dodajte rezance v 2 skledi.
8. Na vrh dodajte kuhano mešanico.
9. Na vrh dodamo piščančje cmoke.
10. Vaša jed je pripravljena za postrežbo.

55. Piščančja riževa skleda

SESTAVINE:
- 2 žlici mletega česna
- 2 žlici mletega ingverja
- 1/2 skodelice cilantra
- 2 žlici jedilnega olja
- 1 skodelica piščančje juhe
- 1 skodelica kosov piščanca
- 1 skodelica narezanih paradižnikov
- 2 skodelici riža
- 2 skodelici vode
- 1 čajna žlička ribje omake
- 1 skodelica čebule
- 1 skodelica vode

NAVODILA:
1. Vzemite ponev.
2. Dodajte olje in čebulo.
3. Čebulo kuhamo toliko časa, da postane mehka in zadiši.
4. Dodajte sesekljan česen in ingver.
5. Mešanico prekuhajte in ji dodajte paradižnik.
6. Dodajte začimbe.
7. Dodajte koščke piščanca, piščančjo juho in ribjo omako.
8. Sestavine previdno premešamo in ponev pokrijemo.
9. Kuhamo deset minut.
10. Vzemite ponev.
11. Dodajte vodo v ponev.
12. Dodaj riž in dobro kuhaj približno deset minut.
13. Riž razdelite v 2 skledi.
14. Na vrh dodajte mešanico piščanca in koriander.
15. Vaša jed je pripravljena za postrežbo.

56.skleda z govejim rižem

SESTAVINE:
- 1/2 skodelice cilantra
- 2 žlici rdečega čilija
- 2 žlici oljčnega olja
- 1 skodelica goveje juhe
- 1 skodelica govejih trakov
- 1 skodelica narezanih paradižnikov
- 2 skodelici rjavega riža
- 2 skodelici vode
- 1 čajna žlička ribje omake
- 1 skodelica čebule
- 1 skodelica vode
- 2 žlici mletega česna
- 2 žlici mletega ingverja

NAVODILA:
1. Vzemite ponev.
2. Dodajte olje in čebulo.
3. Čebulo kuhamo toliko časa, da postane mehka in zadiši.
4. Dodajte sesekljan česen in ingver.
5. Mešanico prekuhajte in ji dodajte paradižnik.
6. Dodajte začimbe.
7. Dodajte goveje trakove, rdečo papriko, govejo juho in ribjo omako.
8. Sestavine previdno premešamo in ponev pokrijemo.
9. Kuhamo deset minut.
10. Vzemite ponev.
11. Dodajte vodo v ponev.
12. Dodajte rjavi riž in dobro kuhajte približno deset minut.
13. Rjavi riž razdelite v 2 skledi.
14. Na vrh dodajte mešanico govejega mesa in koriander.
15. Vaša jed je pripravljena za postrežbo.

57. Karamelizirana skleda s piščancem

SESTAVINE:
- 1/2 skodelice drobno sesekljane mlade čebule
- 2 čajni žlički sezamovega olja
- 4 čajne žličke temne sojine omake
- 2 skodelici kuhanih kosov piščanca
- 2 žlici sladkorja
- 2 skodelici kuhanega riža
- 2 čajni žlički riževega vina
- 1/4 čajne žličke ribje omake
- Črni poper
- Sol
- 1 žlica sesekljanega ingverja
- 1 žlica omake iz ostrig
- 1 žlica svetle sojine omake

NAVODILA:
1. Vzemite veliko ponev.
2. V ponev dodajte sesekljan ingver.
3. Dodajte riževo vino v ponev.
4. Mešanico dobro kuhajte približno deset minut, dokler niso pečeni.
5. V ponev dodajte ribjo omako, temno sojino omako, ostrigino omako, svetlo sojino omako, črni poper in sol.
6. Sestavine dobro kuhajte približno petnajst minut.
7. Posoda ven, ko d1.
8. V ponev dodajte sladkor in pustite, da se stopi.
9. Dodajte kuhane koščke piščanca in dobro premešajte.
10. Kuhajte pet minut.
11. Dodajte riž v 2 skledi.
12. Na vrh dodajte kuhano mešanico.
13. Na vrh dodajte karameliziranega piščanca.
14. Vaša jed je pripravljena za postrežbo.

INDIJSKE SKLEDE ZA RIŽ

58.Piščančja Tikka riževa skleda

SESTAVINE:
- 1 skodelica piščančjih kosov brez b1
- 2 skodelici riža
- 2 skodelici vode
- 2 žlici rdečega čilija v prahu
- 1 čajna žlička garam masala v prahu
- 1 žlica jedilnega olja
- 2 žlici tikka masale
- Sol po okusu
- Črni poper po okusu
- 2 žlici koriandra v prahu
- 1 čajna žlička kumine v prahu
- 1 čajna žlička strtega česna

NAVODILA:
1. Vzemite ponev za omako.
2. Dodajte vodo v ponev.
3. Dodamo riž in dobro kuhamo približno deset minut.
4. Vzemite veliko ponev.
5. V ponev dodajte sesekljan česen.
6. V ponev dodajte začimbe.
7. Mešanico dobro kuhajte približno deset minut, dokler niso pečeni.
8. Dodajte kose piščanca v ponev.
9. Sestavine dobro kuhajte približno petnajst minut.
10. Dodajte riž v skledo.
11. Dodajte piščančjo mešanico tikka na vrh.
12. Vaša jed je pripravljena za postrežbo.

59.Skleda rjavega riža s karijem

SESTAVINE:
- 1/2 funta zelenjave
- 2 čebuli
- 2 žlici repičnega olja
- 1 skodelica kuhanega rjavega riža
- 2 skodelici vode
- 1 čajna žlička ingverja
- 2 paradižnika
- 4 stroki česna
- 2 zelena čilija
- Sol po okusu
- 1 čajna žlička rdeče paprike curry
- Črni poper po okusu
- 1 čajna žlička koriandrovih listov
- 1/2 čajne žličke garam masale
- 1 čajna žlička črnih gorčičnih semen
- 1 čajna žlička kuminovih semen

NAVODILA:
1. Vzemite ponev in vanjo dodajte olje.
2. Segrejte olje in vanj dodajte čebulo.
3. Pražimo čebulo, dokler ne postane svetlo rjava.
4. V ponev dodajte semena kumine in gorčična semena.
5. Dobro jih prepražimo in dodamo sol in poper ter zeleni čili.
6. Vanj dodajte kurkumo, ingver in stroke česna.
7. V ponev dodajte zelenjavo in rdečo papriko curry.
8. Dobro jih premešamo in kuhamo še petnajst minut.
9. Dodajte rjavi riž v skledo.
10. Na vrh dodamo pripravljeno mešanico.
11. Dodajte liste koriandra in garam masalo za okras.
12. Vaša jed je pripravljena za postrežbo.

60.Skleda s sirom in rižem

SESTAVINE:
- 1/2 funta mešanega sira
- 2 čebuli
- 2 žlici repičnega olja
- 1 skodelica kuhanega rjavega riža
- 2 skodelici vode
- 1 čajna žlička ingverja
- 2 paradižnika
- 4 stroki česna
- 2 zelena čilija
- Sol po okusu
- 1 čajna žlička rdeče paprike curry
- Črni poper po okusu
- 1 čajna žlička koriandrovih listov
- 1/2 čajne žličke garam masale
- 1 čajna žlička črnih gorčičnih semen
- 1 čajna žlička kuminovih semen

NAVODILA:
1. Vzemite ponev in vanjo dodajte olje.
2. Segrejte olje in vanj dodajte čebulo.
3. Pražimo čebulo, dokler ne postane svetlo rjava.
4. V ponev dodajte semena kumine in gorčična semena.
5. Dobro jih prepražimo in dodamo sol in poper ter zeleni čili.
6. Vanj dodajte kurkumo, ingver in stroke česna.
7. V ponev dodajte sir, riž in rdečo papriko curry.
8. Dobro jih premešamo in kuhamo še petnajst minut.
9. Dodajte rjavi riž v skledo.
10. Vaša jed je pripravljena za postrežbo.

61.Indijska riževa skleda z ovčjim curryjem

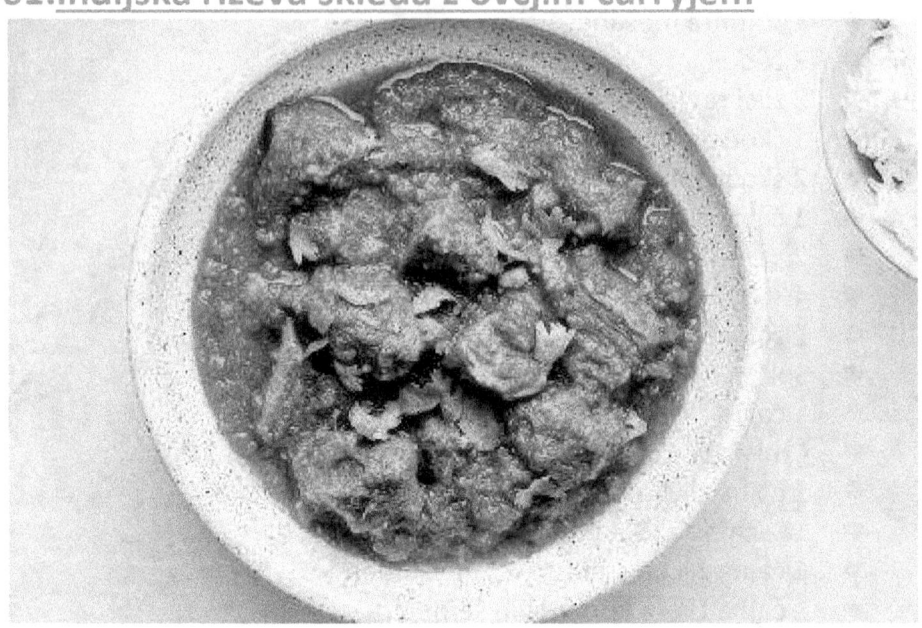

SESTAVINE:
- 1/2 funta kosov ovčjega mesa
- 2 čebuli
- 2 žlici repičnega olja
- 1 skodelica kuhanega riža
- 2 skodelici vode
- 1 čajna žlička ingverja
- 2 paradižnika
- 4 stroki česna
- Šest zelenih čilijev
- Sol po okusu
- 1 čajna žlička rdeče paprike curry
- Črni poper po okusu
- 1 čajna žlička koriandrovih listov
- 1/2 čajne žličke garam masale
- 1 čajna žlička črnih gorčičnih semen
- 1 čajna žlička kuminovih semen

NAVODILA:
1. Vzemite ponev in vanjo dodajte olje.
2. Segrejte olje in vanj dodajte čebulo.
3. Pražimo čebulo, dokler ne postane svetlo rjava.
4. V ponev dodajte semena kumine in gorčična semena.
5. Dobro jih prepražimo in dodamo sol in poper ter zeleni čili.
6. Vanj dodajte kurkumo, ingver in stroke česna.
7. V ponev dodajte ovčje meso in rdečo curry papriko.
8. Dobro jih premešamo in kuhamo še petnajst minut.
9. Dodajte riž v skledo.
10. Na vrh dodamo pripravljeno mešanico.
11. Dodajte liste koriandra in garam masalo za okras.
12. Vaša jed je pripravljena za postrežbo.

62. Indijska kremasta skleda za kari

SESTAVINE:
- 1/2 funta zelenjave
- 2 čebuli
- 2 žlici repičnega olja
- 1 skodelica kuhanega riža
- 2 skodelici vode
- 1 čajna žlička ingverja
- 2 paradižnika
- 4 stroki česna
- 2 zelena čilija
- 1 skodelica težke smetane
- Sol po okusu
- 1 čajna žlička rdeče paprike curry
- Črni poper po okusu
- 1 čajna žlička koriandrovih listov
- 1/2 čajne žličke garam masale
- 1 čajna žlička črnih gorčičnih semen
- 1 čajna žlička kuminovih semen

NAVODILA:
1. Vzemite ponev in vanjo dodajte olje.
2. Segrejte olje in vanj dodajte čebulo.
3. Pražimo čebulo, dokler ne postane svetlo rjava.
4. V ponev dodajte semena kumine in gorčična semena.
5. Dobro jih prepražimo in dodamo sol in poper ter zeleni čili.
6. Vanj dodajte kurkumo, ingver in stroke česna.
7. V ponev dodajte zelenjavo, smetano in rdečo papriko curry.
8. Dobro jih premešamo in kuhamo še petnajst minut.
9. Dodajte riž v skledo.
10. Na vrh dodamo pripravljeno mešanico.
11. Dodajte liste koriandra in garam masalo za okras.
12. Vaša jed je pripravljena za postrežbo.

63. Indijska riževa skleda z limono

SESTAVINE:
- 2 žlici repičnega olja
- 1 skodelica svežih zelišč
- 1 skodelica narezanih limon
- 1 žlica rdečega čilija v prahu
- 2 žlici limoninega soka
- 1 čajna žlička paste česna in ingverja
- 1 čajna žlička čilijevih kosmičev
- 1/2 čajne žličke kumine v prahu
- 1 žlica koriandra v prahu
- Sol
- 2 skodelici kuhanega riža

NAVODILA:
1. Vzemite ponev in vanjo dodajte olje.
2. Segrejte olje in vanj dodajte koščke limone, sol in poper.
3. Kuhamo nekaj minut, dokler limona ne postane mehka.
4. Vanj dodajte česen, ingver in kosmiče rdečega čilija.
5. Kuhamo toliko časa, da zmes zadiši.
6. V mešanico dodajte začimbe in kuhajte.
7. Dodajte riž v 2 skledi.
8. Kuhano zmes razdelite v 2 skledi.
9. Na vrh dodajte sveža zelišča.
10. Vaša jed je pripravljena za postrežbo.

64.Indijska skleda Buda iz cvetače

SESTAVINE:
- 1 skodelica cvetov cvetače
- 2 skodelici kvinoje
- 2 skodelici vode
- 2 žlici rdečega čilija v prahu
- 1 čajna žlička garam masala v prahu
- 1 žlica jedilnega olja
- 2 skodelici špinače
- 2 skodelici rdeče paprike
- 1/2 skodelice praženih indijskih oreščkov
- Sol po okusu
- Črni poper po okusu
- 2 žlici koriandra v prahu
- 1 čajna žlička kumine v prahu
- 1 čajna žlička strtega česna

NAVODILA:
1. Vzemite ponev za omako.
2. Dodajte vodo v ponev.
3. Dodamo kvinojo in dobro kuhamo približno deset minut.
4. Vzemite veliko ponev.
5. V ponev dodajte sesekljan česen.
6. V ponev dodajte začimbe.
7. Mešanico dobro kuhajte približno deset minut, dokler niso pečeni.
8. V ponev dodajte špinačo, cvetačo in papriko.
9. Sestavine dobro kuhajte približno petnajst minut.
10. Dodajte kvinojo v skledo.
11. Na vrh dodajte masala cvetačo.
12. Na vrh cvetače dodajte pražene indijske oreščke.
13. Vaša jed je pripravljena za postrežbo.

65. Indijska skleda iz leče na žaru

SESTAVINE:
- 2 žlici repičnega olja
- 1 skodelica svežih zelišč
- 1 žlica rdečega čilija v prahu
- 2 skodelici pečene leče
- 1 čajna žlička paste česna in ingverja
- 1 čajna žlička čilijevih kosmičev
- 1/2 čajne žličke kumine v prahu
- 1 žlica koriandra v prahu
- Sol
- 1/2 skodelice metine omake
- 2 skodelici kuhanega riža

NAVODILA:
1. Vzemite ponev in vanjo dodajte olje.
2. Segrejte olje in vanj dodajte pečeno lečo, sol in poper.
3. Vanj dodajte česen, ingver in kosmiče rdečega čilija.
4. Kuhamo toliko časa, da zmes zadiši.
5. V mešanico dodajte začimbe in kuhajte.
6. Dodajte riž v 2 skledi.
7. Kuhano zmes razdelite v 2 skledi.
8. Na vrh dodajte sveža zelišča in metino omako.
9. Vaša jed je pripravljena za postrežbo.

66. Indijska piščančja riževa skleda

SESTAVINE:
- 1/2 funta kosov piščanca
- 2 čebuli
- 2 žlici repičnega olja
- 1 skodelica kuhanega riža
- 2 skodelici vode
- 1 čajna žlička ingverja
- 2 paradižnika
- 4 stroki česna
- Šest zelenih čilijev
- Sol po okusu
- 1 čajna žlička rdeče paprike curry
- Črni poper po okusu
- 1 čajna žlička koriandrovih listov
- 1/2 čajne žličke garam masale
- 1 čajna žlička črnih gorčičnih semen
- 1 čajna žlička kuminovih semen

NAVODILA:
1. Vzemite ponev in vanjo dodajte olje.
2. Segrejte olje in vanj dodajte čebulo.
3. Pražimo čebulo, dokler ne postane svetlo rjava.
4. V ponev dodajte semena kumine in gorčična semena.
5. Dobro jih prepražimo in dodamo sol in poper ter zeleni čili.
6. Vanj dodajte kurkumo, ingver in stroke česna.
7. V ponev dodajte piščanca in rdečo curry papriko.
8. Dobro jih premešamo in kuhamo še petnajst minut.
9. Dodajte riž v skledo.
10. Na vrh dodamo pripravljeno mešanico.
11. Dodajte liste koriandra in garam masalo za okras.
12. Vaša jed je pripravljena za postrežbo.

67. Indijska skleda rdečega riža

SESTAVINE:
- 1/2 funta rdečega riža
- 2 čebuli
- 2 žlici repičnega olja
- 2 skodelici vode
- 1 čajna žlička ingverja
- 2 paradižnika
- 4 stroki česna
- Šest zelenih čilijev
- Sol po okusu
- 1 čajna žlička rdeče paprike curry
- Črni poper po okusu
- 1 čajna žlička koriandrovih listov
- 1/2 čajne žličke garam masale
- 1 čajna žlička kuminovih semen

NAVODILA:
1. Vzemite ponev in vanjo dodajte olje.
2. Segrejte olje in vanj dodajte čebulo.
3. Pražimo čebulo, dokler ne postane svetlo rjava.
4. V ponev dodajte semena kumine.
5. Dobro jih prepražimo in dodamo sol in poper ter zeleni čili.
6. Vanj dodajte kurkumo, ingver in stroke česna.
7. V ponev dodajte rdeči riž in rdečo curry papriko.
8. Dobro jih premešamo in kuhamo še petnajst minut.
9. Dodajte riž v skledo.
10. Dodajte liste koriandra in garam masalo za okras.
11. Vaša jed je pripravljena za postrežbo.

68.Kokosova goveja riževa skleda

SESTAVINE:
- 1/2 funta govejih kosov
- 2 čebuli
- 2 žlici repičnega olja
- 1 skodelica kuhanega riža
- 2 skodelici vode
- 1 čajna žlička ingverja
- 2 paradižnika
- 4 stroki česna
- Šest zelenih čilijev
- Sol po okusu
- 1 čajna žlička rdeče paprike curry
- Črni poper po okusu
- 1 čajna žlička koriandrovih listov
- 1/2 čajne žličke garam masale
- 1 čajna žlička posušenega kokosovega prahu
- 1 čajna žlička kuminovih semen

NAVODILA:
1. Vzemite ponev in vanjo dodajte olje.
2. Segrejte olje in vanj dodajte čebulo.
3. Pražimo čebulo, dokler ne postane svetlo rjava.
4. V ponev dodajte semena kumine.
5. Dobro jih prepražimo in dodamo sol in poper ter zeleni čili.
6. Vanj dodajte kurkumo, ingver in stroke česna.
7. V ponev dodajte goveje meso in rdečo curry papriko.
8. Dobro jih premešamo in kuhamo še petnajst minut.
9. V skledo dodajte riž in posušen kokos.
10. Na vrh dodamo pripravljeno mešanico.
11. Dodajte liste koriandra in garam masalo za okras.
12. Vaša jed je pripravljena za postrežbo.

69.Tandoori piščančja skleda

SESTAVINE:
- 1 skodelica piščančjih kosov brez b1
- 2 skodelici riža
- 2 skodelici vode
- 2 žlici rdečega čilija v prahu
- 1 čajna žlička garam masala v prahu
- 1 žlica jedilnega olja
- 2 žlici tandoori masale
- Sol po okusu
- Črni poper po okusu
- 2 žlici koriandra v prahu
- 1 čajna žlička kumine v prahu
- 1 čajna žlička strtega česna

NAVODILA:
1. Vzemite ponev za omako.
2. Dodajte vodo v ponev.
3. Dodamo riž in dobro kuhamo približno deset minut.
4. Vzemite veliko ponev.
5. V ponev dodajte sesekljan česen.
6. V ponev dodajte začimbe.
7. Mešanico dobro kuhajte približno deset minut, dokler niso pečeni.
8. Dodajte kose piščanca v ponev.
9. Sestavine dobro kuhajte približno petnajst minut.
10. Dodajte riž v skledo.
11. Dodajte mešanico tandoori piščanca na vrh.
12. Vaša jed je pripravljena za postrežbo.

70.Paner s kurkumo in riževa skleda

SESTAVINE:
- 2 skodelici sesekljanega tofuja
- 2 skodelici riža
- 2 skodelici vode
- 2 žlici kurkume v prahu
- 1 čajna žlička garam masala v prahu
- 1 žlica jedilnega olja
- Sol po okusu
- Črni poper po okusu
- 2 žlici svežih zelišč
- 1 čajna žlička kumine v prahu
- 1 čajna žlička strtega česna

NAVODILA:
1. Vzemite ponev za omako.
2. Dodajte vodo v ponev.
3. Dodamo riž in dobro kuhamo približno deset minut.
4. Vzemite veliko ponev.
5. V ponev dodajte sesekljan česen.
6. V ponev dodajte začimbe.
7. Mešanico dobro kuhajte približno deset minut, dokler niso pečeni.
8. V ponev dodajte tofu in zelišča.
9. Sestavine dobro kuhajte približno pet minut.
10. Dodajte riž v skledo.
11. Na vrh dodajte mešanico kurkume in tofuja.
12. Vaša jed je pripravljena za postrežbo.

71. Paneer Curry Bowl

SESTAVINE:
- 1/2 funta kosov tofuja
- 2 čebuli
- 2 žlici repičnega olja
- 1 skodelica kuhanega riža
- 2 skodelici vode
- 1 čajna žlička ingverja
- 2 paradižnika
- 4 stroki česna
- Šest zelenih čilijev
- Sol po okusu
- 1 čajna žlička rdeče paprike curry
- Črni poper po okusu
- 1 čajna žlička koriandrovih listov
- 1/2 čajne žličke garam masale
- 1 čajna žlička črnih gorčičnih semen
- 1 čajna žlička kuminovih semen

NAVODILA:
1. Vzemite ponev in vanjo dodajte olje.
2. Segrejte olje in vanj dodajte čebulo.
3. Pražimo čebulo, dokler ne postane svetlo rjava.
4. V ponev dodajte semena kumine in gorčična semena.
5. Dobro jih prepražimo in dodamo sol in poper ter zeleni čili.
6. Vanj dodajte kurkumo, ingver in stroke česna.
7. V ponev dodajte tofu in rdečo papriko curry.
8. Dobro jih premešamo in kuhamo še petnajst minut.
9. Dodajte riž v skledo.
10. Na vrh dodamo pripravljeno mešanico.
11. Dodajte liste koriandra in garam masalo za okras.
12. Vaša jed je pripravljena za postrežbo.

72. Skleda Chaat iz čičerike

SESTAVINE:
- Skodelica sesekljane čebule
- 2 žlici mešanice chaat masala
- Skodelica bele čičerike
- 1/2 skodelice metinega čatnija
- 1 žlica zelenega čilija
- 1/2 skodelice tamarindove omake
- 1/2 skodelice papdija

NAVODILA:
1. Čičeriko skuhajte v veliki ponvi, polni vode.
2. Ko so skuhani, jih odcedimo.
3. Dodajte ga v skledo.
4. Dodajte preostale sestavine v skledo.
5. Jed je pripravljena za postrežbo.

TAJSKE SKLEDE ZA RIŽ

73.Lososova skleda Buda

SESTAVINE:
- 1 skodelica ribje juhe
- 2 skodelici kosov lososa
- 1 čajna žlička sesekljanega česna
- 2 žlici rastlinskega olja
- 1 žlica hoisin omake
- 1 žlica sriracha omake
- 1/2 skodelice sesekljane zelene
- 1 čajna žlička riževega vina
- 2 skodelici kuhanega riža
- 1 čajna žlička svežega ingverja
- 2 žlici svežih zelišč
- 1 žlica ribje omake
- 1 žlica sojine omake
- 1/2 čajne žličke petih tajskih začimb

NAVODILA:
1. Vzemite vok.
2. V vok dodajte omako hoisin, omako sriracha, sesekljan česen, tajsko začimbo in ingver.
3. V mešanico voka dodajte ribjo juho in omake.
4. Jed kuhamo deset minut.
5. V mešanico dodajte koščke lososa.
6. Losos dobro premešamo in kuhamo pet minut.
7. Sestavine dobro prekuhamo in zmešamo z ostalimi sestavinami.
8. Zmanjšajte toploto štedilnika.
9. Jed kuhamo še petnajst minut.
10. Dodajte kuhan riž v skledo.
11. Na vrh dodajte kuhano mešanico.
12. Okrasite s svežimi zelišči.
13. Vaša jed je pripravljena za postrežbo.

74. skleda rjavega riža

SESTAVINE:
- 1 žlica ribje omake
- 1 žlica sojine omake
- 1/2 čajne žličke petih tajskih začimb
- 1/4 skodelice arašidov
- 1 čajna žlička sesekljanega česna
- 2 žlici rastlinskega olja
- 1 žlica hoisin omake
- 1 žlica sriracha omake
- 1/2 skodelice sesekljane zelene
- 1 čajna žlička riževega vina
- 2 skodelici kuhanega rjavega riža
- 1 čajna žlička svežega ingverja
- 2 žlici svežih zelišč

NAVODILA:
1. Vzemite vok.
2. V vok dodajte omako hoisin, omako sriracha, sesekljan česen, tajsko začimbo in ingver.
3. Dodajte omake v mešanico voka.
4. Jed kuhamo deset minut.
5. V mešanico dodajte rjavi riž.
6. Sestavine dobro prekuhamo in zmešamo z ostalimi sestavinami.
7. Zmanjšajte toploto štedilnika.
8. Jed kuhamo še petnajst minut.
9. Dodajte kuhan rjavi riž v skledo.
10. Na vrh dodajte arašide.
11. Okrasite s svežimi zelišči.
12. Vaša jed je pripravljena za postrežbo.

75.Sklede s kozicami iz arašidov

SESTAVINE:
- 1 žlica ribje omake
- 1 žlica sojine omake
- 1/2 čajne žličke petih tajskih začimb
- 1/4 skodelice arašidov
- 1 skodelica ribje juhe
- 2 skodelici kosov kozic
- 1 čajna žlička sesekljanega česna
- 2 žlici rastlinskega olja
- 1 žlica hoisin omake
- 1 žlica sriracha omake
- 1/2 skodelice sesekljane zelene
- 1 čajna žlička riževega vina
- 2 skodelici kuhanega riža
- 1 čajna žlička svežega ingverja
- 2 žlici svežih zelišč

NAVODILA:
1. Vzemite vok.
2. V vok dodajte omako hoisin, omako sriracha, sesekljan česen, tajsko začimbo in ingver.
3. V mešanico voka dodajte ribjo juho in omake.
4. Jed kuhamo deset minut.
5. V mešanico dodajte koščke kozic in arašide.
6. Kozico dobro premešamo in kuhamo pet minut.
7. Sestavine dobro prekuhamo in zmešamo z ostalimi sestavinami.
8. Zmanjšajte toploto štedilnika.
9. Jed kuhamo še petnajst minut.
10. Dodajte kuhan riž v skledo.
11. Na vrh dodajte kuhano mešanico.
12. Okrasite s svežimi zelišči.
13. Vaša jed je pripravljena za postrežbo.

76. Goveja skleda z baziliko

SESTAVINE:
- 1 žlica hoisin omake
- 1 žlica sriracha omake
- 1/2 skodelice sesekljane zelene
- 1 čajna žlička riževega vina
- 2 skodelici kuhanega riža
- 1 čajna žlička svežega ingverja
- 2 žlici svežih zelišč
- 1 žlica ribje omake
- 1 žlica sojine omake
- 1/2 čajne žličke petih tajskih začimb
- 1 skodelica govejih trakov
- 1 skodelica goveje juhe
- 2 skodelici sesekljane bazilike
- 1 čajna žlička sesekljanega česna
- 2 žlici rastlinskega olja

NAVODILA:
1. Vzemite vok.
2. V vok dodajte omako hoisin, omako sriracha, sesekljan česen, tajsko začimbo in ingver.
3. Dodajte govejo juho in omake v mešanico voka.
4. Jed kuhamo deset minut.
5. V mešanico dodajte koščke govedine in baziliko.
6. Goveje meso dobro premešamo in kuhamo petnajst minut.
7. Dodajte kuhan riž v skledo.
8. Na vrh dodajte kuhano mešanico.
9. Okrasite s svežimi zelišči.
10. Vaša jed je pripravljena za postrežbo.

77. Kokosova skleda Umami

SESTAVINE:
- 1 žlica hoisin omake
- 1 žlica sriracha omake
- 1/2 skodelice sesekljane zelene
- 1 čajna žlička riževega vina
- 2 skodelici kuhanega riža
- 1 čajna žlička svežega ingverja
- 2 žlici svežih zelišč
- 1 žlica ribje omake
- 1 žlica sojine omake
- 1/2 čajne žličke petih tajskih začimb
- 1/4 skodelice kokosovega prahu
- 2 skodelici kokosove smetane
- 2 skodelici piščančjih kosov
- 2 skodelici zelenjavne solate
- 1 čajna žlička sesekljanega česna
- 2 žlici rastlinskega olja

NAVODILA:
1. Vzemite vok.
2. V vok dodajte omako hoisin, omako sriracha, sesekljan česen, tajsko začimbo in ingver.
3. Dodajte omake v mešanico voka.
4. Jed kuhamo deset minut.
5. Dodajte kose piščanca v mešanico.
6. Piščanca dobro premešamo in ga kuhamo pet minut.
7. Dodajte riž v skledo.
8. Na vrh dodajte kuhano mešanico.
9. Na vrh dodamo solatno zelenjavo in kokosovo smetano.
10. Okrasite s svežimi zelišči.
11. Vaša jed je pripravljena za postrežbo.

78. Tuna Power Bowl

SESTAVINE:
- 1 žlica hoisin omake
- 1 žlica sriracha omake
- 1/2 skodelice sesekljane zelene
- 1 čajna žlička riževega vina
- 2 skodelici kuhanega rdečega riža
- 1 čajna žlička svežega ingverja
- 2 žlici svežih zelišč
- 1 žlica ribje omake
- 1 žlica sojine omake
- 1/2 čajne žličke petih tajskih začimb
- 1 skodelica mešane zelenjave
- 2 žlici kokosove smetane
- 1 skodelica ribje juhe
- 2 skodelici koščkov tune
- 1 čajna žlička sesekljanega česna
- 2 žlici rastlinskega olja

NAVODILA:
1. Vzemite vok.
2. V vok dodajte omako hoisin, omako sriracha, sesekljan česen, tajsko začimbo in ingver.
3. V mešanico voka dodajte ribjo juho in omake.
4. Jed kuhamo deset minut.
5. V mešanico dodajte koščke tune.
6. Tuno dobro premešamo in jo kuhamo pet minut.
7. Sestavine dobro prekuhamo in primešamo ostalim sestavinam.
8. Zmanjšajte toploto štedilnika.
9. Jed kuhamo še petnajst minut.
10. Dodajte kokosovo smetano in dobro premešajte.
11. Dodajte riž v skledo.
12. Na vrh dodajte kuhano mešanico.
13. Okrasite s svežimi zelišči.
14. Vaša jed je pripravljena za postrežbo.

79.Skleda z mangovimi rezanci

SESTAVINE:
- 1 žlica hoisin omake
- 1 žlica sojine omake
- 1/2 skodelice sesekljane zelene
- 1/2 skodelice narezane zelene čebule
- 1 čajna žlička riževega vina
- 1 čajna žlička svežega ingverja
- 1 žlica ribje omake
- 1 žlica sojine omake
- 1/2 čajne žličke mešanice tajskih začimb
- 2 žlici sesekljanega rdečega čilija
- 1/2 skodelice bambusovih poganjkov
- 1/2 skodelice svežih listov cilantra
- 1/4 skodelice svežih listov bazilike
- 2 skodelici koščkov manga
- 1/2 skodelice sesekljanih listov bazilike
- 1 čajna žlička sesekljanega česna
- 2 žlici rastlinskega olja
- Riževi rezanci

NAVODILA:
1. Vzemite vok.
2. V vok dodajte olje, omako hoisin, sojino omako, sesekljan česen, tajsko začimbo, sesekljan rdeči čili, liste bazilike in ingver.
3. Dodajte omake v mešanico voka.
4. Jed kuhamo deset minut.
5. V mešanico dodajte koščke manga.
6. Mango dobro premešamo in kuhamo pet minut.
7. V ponev dodajte sesekljane liste bazilike in vodo.
8. Riževe rezance skuhajte v loncu, polnem vrele vode.
9. Odcedite riževe rezance in jih dodajte v vok.
10. Jed kuhamo še petnajst minut.
11. Razdelite ga v 4 sklede.
12. Dodajte cilantro v posodo.
13. Vaša jed je pripravljena za postrežbo.

80.Skleda z arašidi in bučkami

SESTAVINE:
- 2 čajni žlički riževega vina
- 1 skodelica kuhanega riža
- 2 čajni žlički rdeče curry paste
- 1/2 čajne žličke kurkume v prahu
- Črni poper po okusu
- Sol po okusu
- 1 žlica sesekljanega ingverja
- 1 žlica sesekljanega česna
- 1/2 skodelice drobno sesekljane mlade čebule
- 2 žlici jedilnega olja
- 4 čajne žličke temne sojine omake
- 2 skodelici koščkov bučk
- 1 skodelica arašidove omake

NAVODILA:
1. Vzemite veliko ponev.
2. V ponvi segrejte olje.
3. V ponev dodajte sesekljan ingver in česen.
4. Dodamo bučke, riževo vino in med mešanjem pražimo, da se barva spremeni.
5. Mešanico dobro kuhajte približno deset minut, dokler niso pečeni.
6. V ponev dodajte arašidovo omako, železni sladkor, beli poper, kurkumo v prahu, rdečo curry pasto, temno sojino omako, črni poper in sol.
7. V mešanico dodajte preostale sestavine.
8. Sestavine dobro kuhamo približno petnajst minut.
9. Dodajte riž v 2 skledi.
10. Na vrh dodajte rdeči curry.
11. Okrasite s sesekljano mlado čebulo.
12. Vaša jed je pripravljena za postrežbo.

81. Začinjena skleda s kozicami

SESTAVINE:
- 1 žlica ribje omake
- 1 žlica sojine omake
- 1/2 čajne žličke petih tajskih začimb
- 1 skodelica kozic
- 2 žlici tajskega zelenega čilija
- 1 čajna žlička sesekljanega česna
- 2 žlici rastlinskega olja
- 1 žlica hoisin omake
- 1 žlica sriracha omake
- 1/2 skodelice sesekljane zelene
- 1 čajna žlička riževega vina
- 2 skodelici kuhanega rjavega riža
- 1 čajna žlička svežega ingverja
- 2 žlici svežih zelišč

NAVODILA:
1. Vzemite vok.
2. V vok dodajte omako hoisin, omako sriracha, tajski zeleni čili, sesekljan česen, tajsko začimbo in ingver.
3. Dodajte omake in kozice v mešanico voka.
4. Jed kuhamo deset minut.
5. V mešanico dodajte rjavi riž.
6. Jed kuhamo še petnajst minut.
7. Dodajte kuhan rjavi riž v skledo.
8. Okrasite s svežimi zelišči.
9. Vaša jed je pripravljena za postrežbo.

82.Skleda riža s curryjem

SESTAVINE:
- 2 čajni žlički riževega vina
- 1 skodelica kuhanega riža
- 2 čajni žlički rdeče curry paste
- 1/2 čajne žličke kurkume v prahu
- Črni poper po okusu
- Sol po okusu
- 1 žlica sesekljanega ingverja
- 1 žlica sesekljanega česna
- 1/2 skodelice drobno sesekljane mlade čebule
- 2 žlici oljčnega olja
- 4 čajne žličke temne sojine omake
- 1 skodelica kokosovega mleka

NAVODILA:
1. Vzemite veliko ponev.
2. V ponvi segrejte olje.
3. V ponev dodajte sesekljan ingver in česen.
4. Dodaj riževo vino in ga med mešanjem praži, da se barva spremeni.
5. Mešanico dobro kuhajte približno deset minut, dokler niso pečeni.
6. V ponev dodajte kokosovo mleko, železni sladkor, beli poper, kurkumo v prahu, rdečo curry pasto, temno sojino omako, črni poper in sol.
7. V mešanico dodajte preostale sestavine.
8. Sestavine dobro kuhamo približno petnajst minut.
9. Dodajte riž v 2 skledi.
10. Na vrh dodajte rdeči curry.
11. Okrasite s sesekljano mlado čebulo.
12. Vaša jed je pripravljena za postrežbo.

83. Svinjska riževa skleda

SESTAVINE:
- 1 žlica ribje omake
- 1 žlica sojine omake
- 1/2 čajne žličke petih tajskih začimb
- 1 skodelica svinjine
- 1 čajna žlička sesekljanega česna
- 2 žlici rastlinskega olja
- 1 žlica hoisin omake
- 1 žlica sriracha omake
- 1/2 skodelice sesekljane zelene
- 1 čajna žlička riževega vina
- 2 skodelici kuhanega rjavega riža
- 1 čajna žlička svežega ingverja
- 2 žlici svežih zelišč

NAVODILA:
1. Vzemite vok.
2. V vok dodajte omako hoisin, omako sriracha, sesekljan česen, tajsko začimbo in ingver.
3. Dodajte omake in svinjino v mešanico voka.
4. Jed kuhamo deset minut.
5. V mešanico dodajte rjavi riž.
6. Sestavine dobro prekuhamo in primešamo ostalim sestavinam.
7. Jed kuhamo še petnajst minut.
8. Dodajte kuhan rjavi riž v skledo.
9. Okrasite s svežimi zelišči.
10. Vaša jed je pripravljena za postrežbo.

84.Skleda Buda iz sladkega krompirja

SESTAVINE:
- 2 skodelici koščkov sladkega krompirja
- 1 čajna žlička sesekljanega česna
- 2 žlici rastlinskega olja
- 1 žlica hoisin omake
- 1 žlica sriracha omake
- 1/2 skodelice sesekljane zelene
- 1 čajna žlička riževega vina
- 2 skodelici kuhanega riža
- 1 čajna žlička svežega ingverja
- 2 žlici svežih zelišč
- 1 žlica ribje omake
- 1 žlica sojine omake
- 1/2 čajne žličke petih tajskih začimb

NAVODILA:
1. Vzemite vok.
2. V vok dodajte omako hoisin, omako sriracha, sesekljan česen, tajsko začimbo in ingver.
3. Dodajte omake v mešanico voka.
4. Jed kuhamo deset minut.
5. V mešanico dodajte koščke sladkega krompirja.
6. Sladki krompir dobro premešamo in kuhamo petnajst minut.
7. Dodajte kuhan riž v skledo.
8. Na vrh dodajte kuhano mešanico.
9. Okrasite s svežimi zelišči.
10. Vaša jed je pripravljena za postrežbo.

85.Piščančja Satay Bowl

SESTAVINE:
- 1 žlica hoisin omake
- 1 žlica sriracha omake
- 1/2 skodelice sesekljane zelene
- 1 čajna žlička riževega vina
- 2 skodelici kuhanega riža
- 1 čajna žlička svežega ingverja
- 2 žlici svežih zelišč
- 1 žlica ribje omake
- 1 žlica sojine omake
- 1/2 čajne žličke petih tajskih začimb
- 1 skodelica satay omake
- 2 skodelici kosov piščanca
- 1 čajna žlička sesekljanega česna
- 2 žlici rastlinskega olja

NAVODILA:
1. Vzemite vok.
2. V vok dodajte omako hoisin, omako sriracha, sesekljan česen, tajsko začimbo in ingver.
3. Dodajte satay omako in druge omake v mešanico voka.
4. Jed kuhamo deset minut.
5. Dodajte kose piščanca v mešanico.
6. Piščanca dobro premešamo in ga kuhamo petnajst minut.
7. Dodajte kuhan riž v skledo.
8. Na vrh dodajte kuhano mešanico.
9. Okrasite s svežimi zelišči.
10. Vaša jed je pripravljena za postrežbo.

86. Piščanec in koruza Stir-Fry

SESTAVINE:
- 3 žlice. omaka iz školjk
- 1 žlica unseas1d rižev kis
- 1 čajna žlička praženo sezamovo olje
- 4 piščančja stegna brez kože (približno 1 lb.), narezana na 1" kose
- Košer sol
- 2 žlici. koruzni škrob
- 4 žlice. rastlinsko olje, razdeljeno
- ½ majhne rdeče čebule, narezane na rezine
- 4 stroki česna, narezani
- 1" kos ingverja, olupljen, drobno narezan
- ½ žličke (ali več) alepskega popra ali drugih blagih čilijevih kosmičev
- 3 klasja, zrna narezana iz storžev
- Dušen riž in listi cilantra z nežnimi stebli (za serviranje)

NAVODILA:

a) Zmešajte ostrigovo omako, kis, sezamovo olje in 2 žlici. vode v majhni skledi. Dati na stran.

b) Piščanca položite v srednje veliko skledo. Posolimo in potresemo s koruznim škrobom; rahlo premešajte, da se prekrije. Segrejte 2 žlici. rastlinskega olja v velikem voku ali ponvi, ki se ne sprijema, na srednje visoki temperaturi. Piščanca kuhajte, občasno premešajte, dokler ni zlato rjav in skoraj kuhan, 6–8 minut. Dodajte rdečo čebulo, česen, ingver, poper v alepskem slogu in preostali 2 žlici. olje. Kuhajte, premešajte, dokler se zelenjava ne zmehča, približno 2 minuti. Dodajte koruzo in kuhajte, pogosto premešajte, dokler se ne zmehča, približno 3 minute.

c) Vmešajte prihranjeno mešanico omake iz ostrig in kuhajte, pogosto premetavajte, dokler ne postane skoraj gladka, približno 2 minuti. Okusite in po potrebi začinite s soljo.

d) Postrezite praženec z rižem, potresenim s cilantrom.

SKLEDE ZA SUSHI

87. Deconstructed California Roll Sushi Bowl

SESTAVINE:
- 1 skodelica riža za suši, kuhanega
- 1/2 skodelice imitacije rakovice ali prave rakovice, narezane na koščke
- 1/2 avokada, narezanega
- 1/4 kumare, juliena
- Sezamovo seme za okras
- Nori trakovi za preliv
- Sojina omaka in vložen ingver za serviranje

NAVODILA:
1. Kuhan suši riž razporedite po skledi.
2. Po vrhu razporedite narezano rakovico, rezine avokada in narezano kumaro.
3. Za okras potresemo sezamova semena.
4. Vrh z nori trakovi.
5. Postrezite s sojino omako in vloženim ingverjem ob strani.
6. Uživajte v dekonstruirani kalifornijski skledi za suši!

88. Deconstructed Spicy Tuna Sushi Bowl

SESTAVINE:
- 1 skodelica riža za suši, kuhanega
- 1/2 skodelice začinjene tune, sesekljane
- 1/4 skodelice edamame fižola, kuhanega na pari
- 1/4 skodelice redkvic, narezanih na tanke rezine
- Sriracha majoneza za prelivanje
- Rezine avokada za okras
- Sezamova semena za preliv

NAVODILA:
1. Kuhan suši riž razporedite po skledi.
2. Na vrh položite sesekljano začinjeno tuno, na pari kuhan edamame fižol in narezane redkvice.
3. Po skledi pokapajte majonezo Sriracha.
4. Okrasite z rezinami avokada in potresite s sezamovimi semeni.
5. Uživajte v dekonstruirani začinjeni tunini suši skledi!

89. Deconstructed Dragon Roll Sushi Bowl

SESTAVINE:
- 1 skodelica riža za suši, kuhanega
- 1/2 skodelice jegulje, pečene na žaru in narezane
- 1/4 skodelice avokada, narezanega
- 1/4 skodelice kumare, juliena
- Jegulja omaka za prelivanje
- Tobiko (ribje ikre) za preliv
- Vložen ingver za serviranje

NAVODILA:
1. Kuhan suši riž razporedite po skledi.
2. Po vrhu razporedite rezine jegulje na žaru, avokado in narezano kumaro.
3. Po skledi pokapljajte jeguljo omako.
4. Vrh s tobikom.
5. Postrezite z vloženim ingverjem ob strani.
6. Uživajte v dekonstruirani skledi za suši Dragon roll!

90. Deconstructed Spicy Salmon Sushi Bowl

SESTAVINE:
- 1 skodelica riža za suši, kuhanega
- 1/2 skodelice začinjenega lososa, narezanega na kocke
- 1/4 skodelice manga, narezanega na kocke
- 1/4 skodelice kumare, narezane na kocke
- Začinjena majoneza za pokapanje
- Zelena čebula za okras
- Sezamova semena za preliv

NAVODILA:
1. Kuhan suši riž razporedite po skledi.
2. Na vrh položimo na kocke narezan pikantni losos, na kocke narezan mango in na kocke narezano kumaro.
3. Po skledi pokapljajte začinjeno majonezo.
4. Okrasite s sesekljano zeleno čebulo in potresite s sezamovimi semeni.
5. Uživajte v dekonstruirani skledi za suši s pikantnim lososom!

91. Deconstructed Rainbow Roll Sushi Bowl

SESTAVINE:
- 1 skodelica riža za suši, kuhanega
- 1/2 skodelice rakovice ali imitacije rakovice, narezane na koščke
- 1/4 skodelice avokada, narezanega
- 1/4 skodelice kumare, juliena
- 1/4 skodelice korenčka, juliena
- 1/4 skodelice narezanega manga
- Nori trakovi za preliv
- Sojina omaka in vložen ingver za serviranje

NAVODILA:
1. Kuhan suši riž razporedite po skledi.
2. Po vrhu razporedite narezano rakovico, rezine avokada, julienirane kumare, korenje in mango.
3. Vrh z nori trakovi.
4. Postrezite s sojino omako in vloženim ingverjem ob strani.
5. Uživajte v barviti in dekonstruirani skledi za suši Rainbow Roll!

92. Dekonstruirana skleda za suši tempura s kozicami

SESTAVINE:
- 1 skodelica riža za suši, kuhanega
- 1/2 skodelice kozic tempura, narezana
- 1/4 skodelice avokada, narezanega
- 1/4 skodelice kumare, juliena
- 1/4 skodelice redkvic, narezanih na tanke rezine
- Tempura omaka za namakanje
- Sezamovo seme za okras

NAVODILA:
1. Kuhan suši riž razporedite po skledi.
2. Po vrhu položite narezano tempuro s kozicami, avokado, julienirane kumare in narezane redkvice.
3. Po skledi pokapljajte omako za namakanje tempura.
4. Za okras potresemo sezamova semena.
5. Uživajte v dekonstruirani skledi za suši tempura s kozicami!

93. skleda za suši s tuno in redkvicami

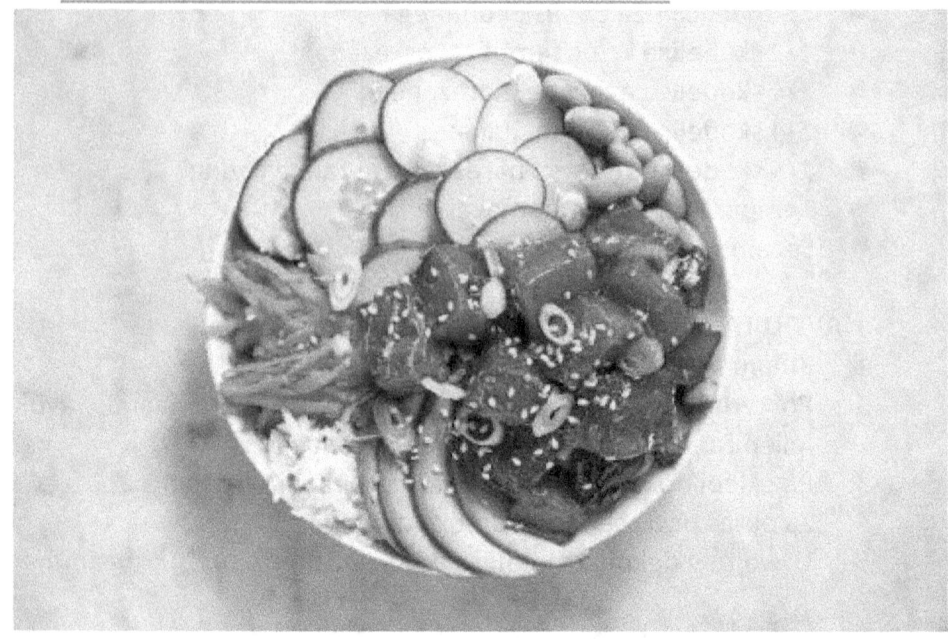

SESTAVINE:
- 1 lb tune za suši, narezane na kocke
- 2 žlici gochujang (korejska pasta rdeče paprike)
- 1 žlica sojine omake
- 1 žlica sezamovega olja
- 1 žlička riževega kisa
- 1 skodelica redkvice daikon, juliena
- 1 skodelica graha, narezanega na rezine
- 2 skodelici tradicionalnega suši riža, kuhanega
- Zelena čebula za okras

NAVODILA:
1. Zmešajte gochujang, sojino omako, sezamovo olje in rižev kis, da naredite pikantno omako.
2. V pikantno omako stresite na kocke narezano tunino in za 30 minut postavite v hladilnik.
3. Sestavite sklede s tradicionalnim rižem za suši kot osnovo.
4. Na vrh položite marinirano tuno, juliened daikon redkev in narezan grah.
5. Okrasite s sesekljano zeleno čebulo in postrezite.

94. Skleda za suši z dimljenim lososom in šparglji

SESTAVINE:
- 1 lb dimljenega lososa, v kosmičih
- 1/4 skodelice sojine omake
- 2 žlici mirina
- 1 žlica vloženega ingverja, mletega
- 1 šopek blanširanih in narezanih špargljev
- 1 skodelica češnjevih paradižnikov, prepolovljena
- 2 skodelici tradicionalnega suši riža, kuhanega
- Limonine rezine za okras

NAVODILA:
1. Za marinado zmešajte sojino omako, mirin in mlet vložen ingver.
2. V marinado stresemo dimljenega lososa in pustimo v hladilniku 15-20 minut.
3. Ustvarite sklede s kuhanim tradicionalnim rižem za suši kot osnovo.
4. Po vrhu z mariniranim dimljenim lososom, narezanimi šparglji in češnjevimi paradižniki.
5. Okrasite z rezinami limone in postrezite.

95. Deconstructed Philly Roll Sushi Bowl

SESTAVINE:
- 1 skodelica riža za suši, kuhanega
- 1/2 skodelice prekajenega lososa, narezanega
- 1/4 skodelice kremnega sira, zmehčanega
- 1/4 skodelice kumare, juliena
- 1/4 skodelice rdeče čebule, narezane na tanke rezine
- Vse začimbe za bagel za preliv
- Kapre za okras

NAVODILA:
1. Kuhan suši riž razporedite po skledi.
2. Po vrhu razporedimo narezan dimljen losos, zmehčan kremni sir, julien narezano kumaro in na tanko narezano rdečo čebulo.
3. Vse potresemo z začimbami za preliv.
4. Okrasimo s kaprami.
5. Uživajte v dekonstruirani skledi za suši Philly Roll!

96. Deconstructed Dynamite Roll Sushi Bowl

SESTAVINE:
- 1 skodelica riža za suši, kuhanega
- 1/2 skodelice kozic, ocvrtih ali kuhanih v tempuri
- 1/4 skodelice začinjene majoneze
- 1/4 skodelice avokada, narezanega na kocke
- 1/4 skodelice kumare, narezane na kocke
- Tobiko (ribje ikre) za preliv
- Zelena čebula za okras

NAVODILA:
1. Kuhan suši riž razporedite po skledi.
2. Na vrh položimo v tempuri popečene ali kuhane kozice.
3. Po skledi pokapljajte začinjeno majonezo.
4. Dodamo na kocke narezan avokado in kumaro.
5. Vrh s tobikom.
6. Okrasite s sesekljano zeleno čebulo.
7. Uživajte v dekonstruirani skledi za suši Dynamite Roll!

97. Deconstructed Veggie Roll Sushi Bowl

SESTAVINE:
- 1 skodelica riža za suši, kuhanega
- 1/2 skodelice tofuja, narezanega na kocke in ocvrtega
- 1/4 skodelice avokada, narezanega
- 1/4 skodelice kumare, juliena
- 1/4 skodelice korenčka, juliena
- 1/4 skodelice rdeče paprike, narezane na tanke rezine
- Preliv iz sojine omake in sezamovega olja
- Sezamovo seme za okras

NAVODILA:
a) Kuhan suši riž razporedite po skledi.
b) Na vrh položite ocvrt tofu, rezine avokada, julienirane kumare, korenje in narezano rdečo papriko.
c) Za preliv pokapljamo z mešanico sojine omake in sezamovega olja.
d) Za okras potresemo sezamova semena.
e) Uživajte v dekonstruirani skledi za suši Veggie Roll, osvežilni možnosti rastlinskega izvora!

98.Chirashi iz dimljene skuše

SESTAVINE:
- ½ kumare
- ¼ čajne žličke fine soli
- 200 g (7 oz) dimljenih filejev skuše, b1 brez kože
- 40 g (1½ oz) vloženega ingverja, drobno sesekljanega
- 1 mlada čebula (čebula), drobno narezana
- 2 žlički drobno sesekljanega kopra
- 2 žlici praženih belih sezamovih semen
- 800 g (5 skodelic) riža za suši Seas1d
- 1 list norija, natrgan na koščke
- temna sojina omaka, za postrežbo

NAVODILA:
a) Kumaro narežemo na čim tanjše rezine in potresemo s soljo. Kumaro rahlo zdrgnite in pustite 10 minut. To bo pomagalo odstraniti odvečno vodo iz kumare, da bo ostala hrustljava.
b) Z roko iztisnite odvečno vodo iz kumar.
c) Prekajeno skušo nalomimo na majhne koščke.
d) Rižu dodamo kumaro, prekajeno skušo, vložen ingver, mlado čebulo, koper in beli sezam. Dobro premešajte, da se sestavine enakomerno porazdelijo.
e) Postrezite v posameznih skledah ali 1 veliki skledi za skupno rabo. Potresemo z norijem in po okusu pokapljamo s temno sojino omako.

99.Oyakodo (losos in lososova ikra)

SESTAVINE:
- 400 g (2½ skodelice) riža za suši Seas1d

PRELIVI
- 400 g (14 oz) lososa kakovosti sašimija
- 200 g (7 oz) marinirane lososove ikre
- 4 otroški listi shiso
- rezine limete ali limone

SLUŽITI
- vložen ingver
- wasabi pasta
- sojina omaka
- trakovi nori (neobvezno)

NAVODILA:
a) Lososa narežemo na tanke rezine. Prepričajte se, da ribe zarežete čez zrno, da zagotovite, da so ribe mehke.

b) Riž za suši položite v 4 posamezne sklede in poravnajte površino riža. Na vrh položite sashimi losos in lososovo ikro. Okrasite z listi baby shiso in rezinami limete ali limone.

c) Postrezite z vloženim ingverjem kot čistilom za brbončice ter wasabijem in sojino omako po okusu. Po želji potresemo z nori trakovi za večji okus.

100.Začinjena skleda za suši iz jastoga

SESTAVINE:
- 1½ skodelice (300 g) pripravljenega tradicionalnega riža za suši
- 1 čajna žlička drobno naribane sveže korenine ingverja
- 1 8 oz (250 g) na pari kuhanega jastogovega repa, odstranjenega oklepa in narezanega na medaljone
- 1 kivi, olupljen in narezan na tanke rezine
- 2 čajni žlički mlete zelene čebule (čebula), samo zeleni deli
- Pest spiralno narezane redkvice daikon
- 2 vejici svežega koriandra (trakovi cilantra)
- 2 žlici Dragon Juice ali več po okusu

NAVODILA:
a) Pripravite suši riž in Dragon Juice.
b) Navlažite konice prstov, preden riž za suši razdelite v 2 majhni servirni skledi. Nežno poravnajte površino riža v vsaki skledi. Z žlico razporedite ½ čajne žličke naribane sveže korenine ingverja po rižu v vsako skledo.
c) Medaljone jastoga in kivi razdelite na 1/2. Izmenjajte 1 1/2 rezin jastoga z 1 1/2 rezin kivija čez riž v 1 skledi, tako da pustite majhen prostor nepokrit. Ponovite vzorec v drugi skledi. 1 čajno žličko mlete zelene čebule nasujte blizu sprednje strani vsake sklede. Spiralno narezano redkvico daikon razdelite med 2 skledi in zapolnite prazen prostor.
d) Za serviranje postavite 1 vejico svežega koriandra pred redkev daikon v vsako skledo. V vsako skledo nalijte 1 žlico zmajevega soka na jastoga in kivi.

ZAKLJUČEK

Ko pridete do zadnjih strani »Okoli sveta v 100 riževih skledah«, upamo, da ste uživali v kulinaričnem popotovanju, ki vas je popeljalo na oddaljene destinacije in vam predstavilo svet okusov in tradicij. Od začinjenih ulic Bangkoka do aromatičnih indijskih kuhinj je vsaka skleda riža ponudila okus bogate tapiserije svetovne kuhinje.

A naše potovanje se tu ne konča. Ko se vrnete domov s kulinarične pustolovščine, vas spodbujamo, da nadaljujete z raziskovanjem raznolikega sveta riževih skled ter eksperimentirate z novimi sestavinami, okusi in tehnikami. Ne glede na to, ali poustvarjate svoje najljubše jedi iz knjige ali izumljate lastne kulinarične kreacije, naj bo vaša domišljija vaš vodnik, ko se podajate novim gastronomskim dogodivščinam naproti.

Hvala, ker ste se nam pridružili na tem okusnem potovanju okoli sveta. Naj v vaših brbončicah ostanejo spomini na jedi, v katerih ste uživali, in naj vas duh kulinaričnega raziskovanja še naprej navdihuje pri vaših kuhinjskih podvigih. Do ponovnega srečanja, veselo kuhanje in dober tek!

www.ingramcontent.com/pod-product-compliance
Lightning Source LLC
Chambersburg PA
CBHW071909110526
44591CB00011B/1608